INTRODUCCION A LA PSICOLOGÍA

PSI-1101

INTRODUCCION A LA PSICOLOGÍA

PSI-1101

Deibem Gómez Álvarez

Grupo Visión Siglo XXI

Deibem Gómez Álvarez. (2025).
Introducción a la Psicología PSI-
1101.Middletown, DE, Estados Unidos
de América.
Independently Published. 2025
ISBN: 9798305716313

"A mi familia, cuyo amor y apoyo incondicional me permiten perseguir mi pasión por escribir. Gracias por su generosidad al brindarme el tiempo y el espacio para crear, aun cuando eso signifique momentos de ausencia. Ustedes son mi inspiración y fortaleza constantes."

Agradecimiento

Al culminar este libro, quiero expresar mi más profundo agradecimiento a mis estimados colegas y líderes de la Universidad Hispanoamericana, quienes durante más de dos décadas me han brindado un apoyo invaluable en mi trayectoria académica y profesional.

Deseo reconocer especialmente la contribución de Don Marco Urbina Soto, Don Francisco Préstamo Gil, Doña Tattiana Hernández Elizondo, Don Aarón Ocampo Hernández y Doña Wendy Aguilar Freyán. Su liderazgo visionario y su compromiso inquebrantable con la excelencia educativa han creado un ambiente propicio para la investigación, la reflexión y la producción intelectual. Su ejemplo y guía han sido una fuente de inspiración permanente.

Contenido

CAPÍTULO 5

CAPÍTULO 6

CAPÍTULO 7

PREFACIO

La psicología es una ciencia que permite comprender la complejidad del comportamiento humano y los procesos mentales que lo sustentan. Esta obra representa la culminación de 25 años dedicados a la enseñanza y práctica de esta disciplina en diversos contextos educativos y sociales de Costa Rica, respaldados por una formación integral que incluye la licenciatura en Psicología, la licenciatura en Docencia Universitaria y una maestría en Administración Educativa.

Mi experiencia en el Ministerio de Educación Pública ha sido especialmente enriquecedora. Como docente de Psicología, coordinador académico y coordinador de sede del Colegio Nacional Virtual Marco Tulio Salazar, he tenido el privilegio de trabajar con jóvenes adultos de zonas urbano-marginales, apoyándolos en su meta de completar el bachillerato. Esta experiencia ha profundizado mi comprensión de las necesidades educativas en contextos desafiantes.

En la Universidad Hispanoamericana, mi desarrollo profesional ha evolucionado desde profesor catedrático hasta mis actuales roles como coordinador del área de Psicología básica y coordinador académico de la carrera de Psicología. Estas posiciones me han permitido implementar innovaciones pedagógicas y colaborar en el desarrollo de programas académicos que han impactado positivamente en la formación de futuros psicólogos.

Mi compromiso con la profesión se ha extendido más allá del ámbito académico, incluyendo mi servicio como secretario y presidente del Tribunal de Honor del Colegio de Profesionales en Psicología de Costa Rica, donde trabajé para mantener los más altos estándares éticos y profesionales en nuestra disciplina.

Como presidente fundador del Grupo Visión Siglo XXI, he liderado durante casi tres décadas proyectos de investigación y producción científica en psicología. Este trabajo ha generado contribuciones significativas, incluyendo la publicación de "Primavera Furtiva", un estudio pionero sobre la explotación sexual comercial en Costa Rica, y "Amor Entre Ríos", una novela histórica que explora la Costa Rica de inicios del siglo XX.

Un logro particularmente significativo ha sido la publicación de "¿Qué Esperas? Manual para Superar la Procrastinación Académica", obra que no solo se convirtió en un éxito editorial, sino que también fue reconocida con el Primer Lugar de La Excelencia UH Research Awards en 2024, validando su impacto en la comunidad académica.

Este libro que hoy les presento, es la síntesis de estos años de experiencia docente, investigación y práctica profesional. Su objetivo es proporcionar una guía comprehensiva que combine el rigor académico con la aplicación práctica, permitiendo a los lectores, particularmente a los estudiantes del curso de Introducción a la Psicología PSI-1101, desarrollar una comprensión profunda de los fundamentos de la psicología.

El estudio de la psicología suscita interrogantes fundamentales sobre la naturaleza humana:

¿En qué medida nuestra conducta está determinada por procesos internos o por factores ambientales?

¿Qué papel juegan las tendencias innatas frente a la experiencia y la educación en nuestro desarrollo?

¿Cómo evolucionan nuestras características psicológicas a lo largo del ciclo vital?

¿Qué aspectos nos hacen únicos y cuáles compartimos con otros seres humanos?

¿Cuál es la naturaleza de la relación entre mente y cuerpo?

Al finalizar este libro, los lectores habrán desarrollado las herramientas conceptuales necesarias para abordar estas y otras preguntas fundamentales sobre el comportamiento y la experiencia humana.

Dr. Deibem Gómez A.

CAPÍTULO 1

La Psicología como Ciencia

Definición

Objetivos de la Psicología de la Psicología como Ciencia

Áreas de Acción de la Psicología

La Psicología y su Relación con Ciencias Afines

Pseudopsicologías

Casos Prácticos en Psicología

La psicología, como disciplina científica, ha evolucionado significativamente desde sus orígenes filosóficos hasta convertirse en una ciencia empírica que estudia el comportamiento y los procesos mentales. Este capítulo examina los fundamentos científicos de la psicología, sus objetivos principales y sus diversas áreas de aplicación.

Definición y Alcance

La psicología contemporánea se define como la ciencia que estudia el comportamiento y los procesos mentales. Esta definición refleja la convergencia de diversas tradiciones teóricas y metodológicas que han contribuido al desarrollo de la disciplina. El término psicología, derivado de las palabras griegas psyche (alma) y logos (estudio), revela sus orígenes históricos en la investigación de la naturaleza del alma y la mente. Sin embargo, la psicología moderna ha trascendido estas raíces para adoptar una aproximación científica rigurosa al estudio de la conducta observable y los procesos mentales subyacentes.

La definición actual de la psicología puede expresarse de manera más comprehensiva como la ciencia que estudia, comprende e interviene en la conducta, los procesos mentales y la personalidad del ser humano a lo largo de su vida, considerándolo como un individuo que se desarrolla en un contexto social y que es capaz de asignar un sentido a su existencia que le permite trascender más allá de sí mismo. Esta definición enfatiza la importancia de la evidencia empírica y la utilidad práctica en diversos ámbitos de aplicación.

Objetivos de la Psicología

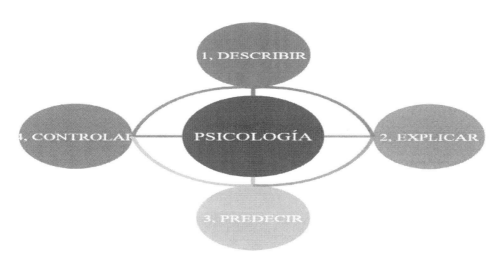

La psicología persigue cuatro objetivos fundamentales que guían su desarrollo como disciplina científica:

Descripción

La descripción constituye el fundamento de la investigación psicológica. Los psicólogos recopilan datos sistemáticos sobre la conducta y el funcionamiento mental para construir una imagen coherente y precisa de los fenómenos estudiados. Este proceso implica desafíos metodológicos significativos, particularmente en la medición de procesos psicológicos. Cuando la observación directa resulta impracticable, los investigadores emplean métodos indirectos como entrevistas estructuradas y cuestionarios estandarizados.

Explicación

La explicación busca establecer relaciones causales entre fenómenos psicológicos. Este objetivo se alcanza mediante la formulación y verificación de hipótesis a través de la experimentación controlada. Las hipótesis que encuentran respaldo empírico se someten a pruebas adicionales para fortalecer su validez y confiabilidad.

Predicción

La capacidad predictiva representa una prueba crucial de la validez de las teorías psicológicas. Si una hipótesis es correcta, debe permitir anticipar comportamientos o resultados en situaciones similares. Por ejemplo, la comprensión de cómo la exposición a la violencia afecta el comportamiento agresivo permite predecir patrones similares en diferentes contextos.

Control

El control implica la aplicación práctica del conocimiento psicológico para resolver problemas concretos. Este objetivo se materializa en intervenciones terapéuticas, programas educativos y otras aplicaciones prácticas que buscan modificar o mejorar el comportamiento humano.

Características de la Psicología como Ciencia

La psicología, como disciplina científica, se caracteriza por varios atributos esenciales:

Precisión

Los psicólogos se esfuerzan por alcanzar la máxima precisión posible en sus investigaciones mediante:

La definición operacional clara de las variables estudiadas, la cuantificación sistemática de los resultados y la documentación detallada de procedimientos y hallazgos.

Objetividad

La objetividad en psicología se manifiesta en el esfuerzo consciente por minimizar los sesgos personales en la investigación. La comunidad científica ejerce un papel autorregulador a través de la revisión por pares y la replicación de estudios.

Empirismo

El empirismo constituye un pilar fundamental de la psicología científica. Todas las afirmaciones deben sustentarse en evidencia observable y verificable, ya sea mediante observación directa o a través de métodos indirectos validados.

Determinismo

La psicología adopta una perspectiva determinista que busca explicaciones naturales para los fenómenos comportamentales y mentales. Este enfoque reconoce la influencia tanto de factores internos (genética, emociones, pensamientos) como externos (ambiente social, circunstancias) en la conducta humana.

Parsimonia

El principio de parsimonia favorece las explicaciones más simples y directas que puedan dar cuenta de los fenómenos observados. Las explicaciones más complejas se consideran solo cuando las más sencillas resultan inadecuadas.

Apertura

La psicología mantiene una postura de apertura hacia la crítica y la revisión constante de sus hallazgos. Los resultados se consideran provisionales y sujetos a modificación a la luz de nueva evidencia.

Áreas de Acción de la Psicología

La psicología moderna abarca un amplio espectro de áreas de investigación y aplicación, que pueden clasificarse en dos categorías principales: áreas básicas de estudio y áreas aplicadas.

Áreas Básicas de Estudio

La psicología experimental constituye el fundamento de la investigación psicológica. Esta rama se dedica al estudio sistemático de los procesos psicológicos básicos como la percepción, sensación, aprendizaje y memoria. Los investigadores en esta área trabajan principalmente en entornos de laboratorio controlados, utilizando tanto participantes humanos como modelos animales para comprender los mecanismos fundamentales del comportamiento.

La psicología fisiológica explora las bases biológicas del comportamiento, con especial énfasis en el sistema nervioso y endocrino. Los avances recientes en neurociencia han expandido significativamente nuestra comprensión de la relación entre los procesos cerebrales y el comportamiento. Esta área utiliza tecnologías avanzadas de neuroimagen y técnicas de investigación neurofisiológica para estudiar la actividad cerebral en relación con diversos procesos psicológicos.

La psicología cuantitativa se enfoca en el desarrollo y aplicación de métodos matemáticos y estadísticos para el análisis del comportamiento. Esta área es fundamental para el diseño de investigaciones, la construcción de instrumentos de medición psicológica y el análisis de datos comportamentales. Los psicólogos cuantitativos desarrollan y validan herramientas metodológicas que permiten una evaluación más precisa de los fenómenos psicológicos.

La psicología de la personalidad investiga las diferencias individuales en patrones consistentes de pensamiento, emoción y comportamiento. Esta área examina cómo los rasgos de personalidad se desarrollan y mantienen a lo largo del tiempo, y cómo influyen en diversos aspectos de la vida de las personas. Los investigadores en este campo han desarrollado teorías comprehensivas y métodos de evaluación para comprender la estructura y dinámica de la personalidad.

La psicología social estudia cómo los pensamientos, sentimientos y comportamientos de las personas son influenciados por la presencia real o imaginada de otros. Esta área examina fenómenos como la conformidad social, la formación de actitudes, los prejuicios y la dinámica de grupos. Los psicólogos sociales investigan tanto los procesos interpersonales como los fenómenos grupales más amplios.

La psicología evolutiva analiza los cambios en el comportamiento y los procesos mentales a lo largo del ciclo vital. Esta área integra perspectivas del desarrollo cognitivo, social y emocional para comprender cómo las personas cambian y se adaptan desde la infancia hasta la vejez. Los investigadores en este campo estudian tanto los patrones universales de desarrollo como las diferencias individuales en las trayectorias evolutivas.

La psicología educativa aplica los principios psicológicos al contexto del aprendizaje y la enseñanza. Esta área examina factores que influyen en el rendimiento académico, incluyendo la motivación, los estilos de aprendizaje y las diferencias individuales en capacidades cognitivas. Los psicólogos educativos desarrollan y evalúan intervenciones para mejorar los procesos de enseñanza-aprendizaje.

Áreas Aplicadas

La psicología clínica se centra en la evaluación, diagnóstico y tratamiento de trastornos psicológicos. Los psicólogos clínicos utilizan diversos enfoques terapéuticos basados en evidencia para ayudar a las personas a superar dificultades emocionales y conductuales. Esta área integra la investigación científica con la práctica profesional para desarrollar intervenciones efectivas.

La psicología de la salud mental pública adopta una perspectiva más amplia, enfocándose en factores ambientales y sociales que afectan el bienestar psicológico de las poblaciones. Esta área trabaja en la prevención de trastornos mentales y la promoción de la salud mental a nivel comunitario, desarrollando programas y políticas que benefician a grupos poblacionales extensos.

La psicología de orientación proporciona servicios de asesoramiento en ámbitos educativos y vocacionales. Los psicólogos en esta área ayudan a las personas a tomar decisiones informadas sobre su educación y carrera profesional, considerando factores como intereses, habilidades y valores personales.

La psicología escolar aplica principios psicológicos en el contexto educativo para promover el desarrollo académico, social y emocional de los estudiantes. Los psicólogos escolares realizan evaluaciones, proporcionan intervenciones y colaboran con educadores y familias para optimizar el ambiente de aprendizaje.

La psicología industrial y organizacional se enfoca en el comportamiento humano en el contexto laboral. Esta área aborda temas como la selección de personal, el desarrollo organizacional, la satisfacción laboral y la ergonomía. Los psicólogos industriales trabajan para mejorar la productividad y el bienestar en el entorno laboral.

La Psicología y su Relación con Ciencias Afines

La psicología mantiene relaciones significativas con diversas disciplinas científicas, estableciendo vínculos que enriquecen tanto su marco teórico como sus aplicaciones prácticas. Esta interdisciplinariedad refleja la complejidad del comportamiento humano y la necesidad de abordajes múltiples para su comprensión integral.

Relación con la Biología

La interacción entre psicología y biología ha generado contribuciones fundamentales para la comprensión del comportamiento humano. Esta relación se manifiesta principalmente en cuatro áreas específicas:

La neurología aporta conocimientos esenciales sobre la relación entre el funcionamiento cerebral y el comportamiento. El estudio de pacientes con lesiones cerebrales ha revolucionado nuestra comprensión de las funciones cognitivas y emocionales. Por ejemplo, el caso histórico de Phineas Gage demostró la crucial relación entre los lóbulos frontales y aspectos fundamentales de la personalidad y la toma de decisiones. Las investigaciones neurológicas contemporáneas, utilizando técnicas avanzadas de neuroimagen, continúan proporcionando insights valiosos sobre cómo el cerebro procesa información y genera conductas.

La fisiología contribuye al entendimiento de los mecanismos corporales que subyacen a los procesos psicológicos. Las investigaciones sobre la respuesta al estrés ilustran esta relación: los estudios sobre los niveles de cortisol en estudiantes durante períodos de exámenes han permitido comprender mejor la interacción entre los estados fisiológicos y el rendimiento académico. Este conocimiento ha llevado al desarrollo de intervenciones más efectivas para el manejo del estrés académico.

La embriología proporciona información crucial sobre el desarrollo temprano del sistema nervioso y su influencia en el comportamiento posterior. Los estudios sobre los efectos de la exposición prenatal a diversas sustancias han revelado la importancia del ambiente intrauterino en el desarrollo cognitivo y conductual. Esta comprensión ha conducido a mejores estrategias de prevención e intervención temprana.

La genética ofrece perspectivas fundamentales sobre la heredabilidad de rasgos psicológicos y comportamentales. Los estudios con gemelos han proporcionado evidencia sólida sobre la contribución relativa de factores genéticos y ambientales en diversos aspectos de la personalidad y el comportamiento. Esta información resulta invaluable para comprender la interacción entre naturaleza y crianza en el desarrollo humano.

Relación con la Antropología

La colaboración entre psicología y antropología ha enriquecido significativamente nuestra comprensión de la diversidad del comportamiento humano en diferentes contextos culturales.

La antropología cultural proporciona insights valiosos sobre cómo diferentes sociedades conceptualizan y expresan experiencias psicológicas. El estudio comparativo de las respuestas emocionales, como la expresión del duelo en diferentes culturas, ha revelado tanto universales humanos como variaciones culturales significativas. Esta comprensión resulta crucial para desarrollar intervenciones psicológicas culturalmente sensibles y efectivas.

La antropología social contribuye al entendimiento de cómo las estructuras sociales influyen en el desarrollo psicológico individual. Las investigaciones sobre rituales de iniciación en diferentes sociedades han demostrado su papel fundamental en la formación de la identidad y el desarrollo de la autoestima. Este conocimiento informa el diseño de intervenciones que consideran el contexto social más amplio del desarrollo individual.

Relación con la Sociología

La interacción entre psicología y sociología ha generado comprensiones importantes sobre cómo los factores sociales influyen en el comportamiento individual y grupal.

La sociología de grupos aporta marcos conceptuales valiosos para entender el comportamiento colectivo. Los estudios sobre el comportamiento de multitudes en situaciones de emergencia han llevado al desarrollo de protocolos más efectivos para el manejo de crisis. Esta integración de conocimientos ha mejorado significativamente la comprensión de la dinámica grupal en diversos contextos.

El análisis de la estructura social proporciona contexto crucial para entender cómo las condiciones socioeconómicas afectan el desarrollo psicológico. Las investigaciones sobre el impacto del nivel socioeconómico en el desarrollo cognitivo infantil han influido en el diseño de programas educativos compensatorios más efectivos. Esta comprensión ha llevado a intervenciones que abordan tanto factores individuales como estructurales.

El estudio del cambio social ha cobrado particular relevancia en la era digital. El análisis del impacto psicológico del trabajo remoto durante la pandemia ha revelado nuevos patrones de interacción social y adaptación laboral. Esta comprensión resulta fundamental para desarrollar estrategias que promuevan el bienestar psicológico en contextos de cambio social acelerado.

Integración Interdisciplinaria

La integración de perspectivas de múltiples disciplinas se evidencia claramente en el tratamiento moderno del trastorno de estrés postraumático (TEPT). Este abordaje integra:

Aspectos biológicos que incluyen la comprensión de los cambios cerebrales y la respuesta al estrés, informados por la neuroimagen y la investigación farmacológica.

Factores culturales que consideran cómo diferentes contextos culturales interpretan y responden al trauma, influenciando tanto la manifestación de síntomas como las estrategias de afrontamiento efectivas.

Elementos sociológicos que reconocen la importancia del apoyo social y los recursos comunitarios en la recuperación del trauma, llevando a intervenciones que integran tanto el tratamiento individual como el fortalecimiento de redes de apoyo.

Pseudopsicologías

Para comprender este concepto, resulta fundamental comenzar estableciendo la distinción entre ciencia y pseudociencia. Una pseudociencia se caracteriza por presentarse como científica sin adherirse a los principios del método científico ni contar con evidencia empírica que respalde sus afirmaciones. La distinción entre psicología científica y pseudopsicología radica fundamentalmente en la metodología empleada y la validación empírica de sus postulados.

La psicología, como disciplina científica, sigue los mismos principios rigurosos que caracterizan a ciencias como la biología o la medicina. El aspecto crucial que distingue a la psicología científica es su compromiso con la formulación y comprobación sistemática de hipótesis mediante evidencia empírica. Los psicólogos profesionales son especialistas formados en el estudio del comportamiento humano, incluyendo los aspectos cognitivos, emocionales y conductuales. Su práctica se fundamenta en tratamientos que han demostrado eficacia a través de investigación sistemática.

El campo de las pseudopsicologías presenta varios ejemplos notables que ilustran la importancia de mantener un pensamiento crítico y científico:

La quiromancia representa un ejemplo clásico de pseudopsicología que afirma poder determinar características de personalidad y predecir eventos futuros mediante la interpretación de las líneas de la palma de la mano. Esta práctica carece de fundamento científico y no ha demostrado validez predictiva en estudios controlados. A pesar de su popularidad histórica, no existe evidencia que respalde sus afirmaciones sobre la relación entre los patrones palmares y los rasgos psicológicos o eventos vitales.

La fisiognomía postula una relación directa entre las características físicas del rostro y los rasgos de personalidad. Esta práctica pretende establecer correlaciones entre la fisonomía facial y aspectos del carácter o la personalidad. Sin embargo, las investigaciones científicas no han encontrado evidencia que respalde estas asociaciones más allá de sesgos perceptuales y estereotipos culturales.

La frenología, desarrollada por Franz Joseph Gall en el siglo XIX, representa un caso histórico significativo de pseudociencia. Esta teoría proponía que las características mentales podían determinarse mediante el estudio de la forma del cráneo. Aunque la frenología contribuyó indirectamente al desarrollo de la neurociencia al sugerir la localización de funciones cerebrales, sus métodos y conclusiones específicas carecían de validez científica. El caso de la frenología ilustra cómo una teoría puede contener elementos que inspiren investigación científica legítima, aun cuando sus postulados originales sean incorrectos.

La grafología pretende inferir rasgos de personalidad a partir del análisis de la escritura manuscrita. A pesar de su uso en algunos contextos profesionales, la investigación científica no ha encontrado evidencia que respalde la validez de esta práctica para predecir características de personalidad o comportamiento. Los estudios controlados han demostrado que las interpretaciones grafológicas no superan el nivel de acierto atribuible al azar.

La astrología representa otra forma común de pseudopsicología que intenta explicar y predecir el comportamiento humano basándose en la posición de los astros. Esta práctica reduce la complejidad de la personalidad humana a doce categorías basadas en el zodíaco, una simplificación que contradice la evidencia científica sobre el desarrollo de la personalidad. Las predicciones astrológicas han demostrado ser indistinguibles de afirmaciones aleatorias cuando se someten a pruebas empíricas rigurosas.

Psicología Profesional	Pseudopsicología
✓ Tiene estudios universitarios y superiores en psicología y además te presenta su número de colegiado	✗ Se presenta como "psicoterapeuta" o "terapeuta" pero en la clínica no observas ningún título (Pregunta)
✓ Compruebas que está especializado en lo que buscas	✗ Te dice que abarca cualquier problema psicoterapéutico (Sospecha)
✓ Te informa sobre el tipo de abordaje psicoterapéutico que utiliza	✗ No te informa o las prácticas que utiliza no cuentan con el aval de la ciencia
✓ Te da información sobre el grado de eficacia científica demostrada que ofrecen los tratamientos planteados	✗ Te dice que es 100% eficaz o no sabe decirte la eficacia de sus tratamientos
✓ Existe confidencialidad	✗ No está obligado a garantizarte confidencialidad
✓ Firmas un documento de consentimiento informado	✗ No te ofrece ningún documento en el que quedes informado de los tratamientos que realizan ni das tu consentimiento
✓ Te guía en el proceso de cambio, en el que tú tienes las riendas	✗ Te da consejos sobre lo que es mejor hacer en tu caso (¿amigo?)
✓ Te habla de cosas concretas o pasos a seguir, marcando objetivos a corto y largo plazo	✗ Te habla de generalidades tipo: "Lo que tienes que hacer es quererte a ti mismo"

Tabla 1. Diferencia entre un psicólogo y un pseudopsicólogo

Es importante señalar que la distinción entre psicología científica y pseudopsicología no implica necesariamente que todas las prácticas actualmente clasificadas como pseudopsicológicas carezcan permanentemente de valor. Algunas podrían eventualmente desarrollar bases empíricas que las validen parcialmente. Sin embargo, en la actualidad, la falta de evidencia científica que respalde sus afirmaciones las mantiene en el ámbito de las pseudociencias.

La psicología científica se distingue por su compromiso con:

La formulación de hipótesis comprobables

La recolección sistemática de datos

El análisis riguroso de la evidencia

La revisión por pares

La replicación de resultados

Estas características garantizan que las conclusiones y aplicaciones de la psicología científica se fundamenten en evidencia sólida y verificable, en contraste con las afirmaciones no comprobadas de las pseudopsicologías.

Casos Prácticos en Psicología

La aplicación práctica de los principios psicológicos se ilustra mejor a través de casos específicos que demuestran cómo la investigación científica ha contribuido a nuestra comprensión del comportamiento humano y al desarrollo de intervenciones efectivas. Estos casos ejemplifican la integración de teoría, investigación y práctica en la psicología moderna.

El Caso H.M.: Memoria y Neuropsicología

El caso de Henry Molaison (H.M.) representa uno de los estudios más influyentes en la historia de la neuropsicología. En 1953, H.M. se sometió a una cirugía cerebral para tratar su epilepsia severa, que resultó en una profunda incapacidad para formar nuevos recuerdos. Este caso revolucionó nuestra comprensión de los sistemas de memoria humana.

La investigación extensiva con H.M. reveló que la memoria no es un sistema unitario, sino que comprende múltiples sistemas que pueden funcionar de manera independiente. H.M. mantuvo la capacidad de recordar eventos anteriores a su cirugía y podía aprender nuevas habilidades motoras, aunque no recordaba haberlas practicado. Esta disociación entre diferentes tipos de memoria proporcionó evidencia crucial para la distinción entre memoria declarativa y procedimental.

Las implicaciones de este caso para la psicología han sido profundas. Los hallazgos contribuyeron al desarrollo de teorías modernas sobre la memoria, influyeron en el tratamiento de trastornos neurológicos y proporcionaron insights fundamentales sobre la organización cerebral de las funciones cognitivas.

El Experimento de la Prisión de Stanford (1971)

Philip Zimbardo condujo este influyente estudio sobre los efectos del rol social en el comportamiento humano. El experimento, que asignó aleatoriamente a estudiantes universitarios los roles de guardias o prisioneros en una prisión simulada, reveló cómo las situaciones sociales pueden influir dramáticamente en el comportamiento individual.

La investigación se desarrolló en las siguientes fases:

Selección de 24 estudiantes psicológicamente estables

Asignación aleatoria a roles de guardias o prisioneros

Creación de un ambiente carcelario simulado

Observación sistemática del comportamiento

Aunque planificado para dos semanas, el experimento se terminó después de seis días debido al rápido deterioro en el comportamiento de los participantes. Los resultados demostraron cómo los roles sociales y el contexto institucional pueden conducir a comportamientos autoritarios y sumisos, incluso en individuos psicológicamente saludables.

El Caso de Little Albert (1920)

John B. Watson y Rosalie Rayner realizaron este estudio seminal sobre el condicionamiento del miedo en humanos. La investigación con un infante de nueve meses, conocido como "Little Albert", demostró cómo las respuestas emocionales pueden ser condicionadas a través del aprendizaje asociativo.

El procedimiento experimental siguió una secuencia sistemática:

Evaluación inicial de respuestas a diversos estímulos

Apareamiento de un estímulo neutro (rata blanca) con un ruido fuerte

Evaluación de la generalización del miedo a estímulos similares

Este estudio, aunque éticamente controvertido según los estándares actuales, proporcionó evidencia fundamental sobre los mecanismos del condicionamiento emocional y sentó bases importantes para la comprensión y tratamiento de las fobias.

Aplicaciones Contemporáneas

Los principios derivados de la investigación psicológica encuentran aplicación en diversos contextos modernos:

La psicología organizacional ha transformado las prácticas laborales contemporáneas. Por ejemplo, Google ha implementado programas de bienestar basados en investigación psicológica, que han demostrado mejoras significativas en la satisfacción laboral y la productividad. Estos programas integran principios de la psicología positiva con prácticas de gestión basadas en evidencia.

En el ámbito clínico, el tratamiento de fobias mediante realidad virtual representa una innovación significativa. Esta aproximación permite la exposición gradual y controlada a estímulos temidos en un ambiente seguro, demostrando tasas de éxito comparables o superiores a los métodos tradicionales de exposición.

La psicología educativa ha contribuido al desarrollo de programas de aprendizaje socioemocional en escuelas. Estas intervenciones, fundamentadas en investigación sobre desarrollo infantil y adolescente, han mostrado mejoras significativas tanto en resultados académicos como en indicadores de ajuste social y emocional.

Reflexiones sobre los Casos Prácticos

Los casos presentados ilustran varios principios fundamentales de la psicología científica:

La aplicación rigurosa del método científico permite establecer relaciones causales y desarrollar intervenciones efectivas. La evolución de la ética en investigación psicológica refleja un compromiso creciente con la protección de los participantes en investigación. La integración de hallazgos de investigación básica y aplicada fortalece tanto la teoría como la práctica psicológica.

Estos casos demuestran cómo la psicología ha evolucionado desde sus inicios hasta convertirse en una ciencia rigurosa y aplicada, capaz de abordar problemas complejos del comportamiento humano y desarrollar soluciones basadas en evidencia.

CAPÍTULO 2

Historia de la Psicología

¿Por qué estudiar la historia de la psicología?

En todo libro de Introducción al campo de la psicología se hace imperativo el estudiar la historia de esta ciencia tan particular, entre otras razones somos conscientes de que existe un Interés intrínseco por conocer la historia, además amplía nuestros horizontes intelectuales, pues nos presenta formas de vida sociales y culturales distantes en términos del tiempo.

Estudiar la historia de la psicología es importante por varias razones:

1. Entender los orígenes y desarrollo de los conceptos y teorías psicológicas actuales. Conocer de dónde vienen nos da mayor perspectiva.

2. Aprender de los éxitos y errores pasados. Estudiar experimentos y enfoques históricos, tanto acertados como fallidos, nos enseña lecciones valiosas.

3. Reconocer la influencia del contexto sociohistórico en la evolución de la psicología. Las ideas psicológicas no surgen en un vacío, sino que son moldeadas por factores culturales, económicos y políticos de cada época.

4. Apreciar la naturaleza acumulativa y autocorrectiva de la ciencia psicológica. A través de la historia, nuevas teorías y hallazgos han refinado o reemplazado ideas anteriores, en un proceso continuo de avance.

5. Adoptar un enfoque crítico. Estudiar la historia fomenta el cuestionamiento saludable de supuestos y motiva la investigación de problemas aún sin resolver.

Historia interna e historia externa

La historiografía: es la teoría y metodología de la historia, reconoce diversos enfoques en la historia de disciplinas como la psicología.

Historias internas: Las historias tradicionales sobre la psicología, por lo general han sido historias internas, **dedicadas en gran medida al desarrollo de las teorías y los métodos psicológicos de la disciplina.**

Estas historias son escritas comúnmente por los "expertos", es decir, por los psicólogos mismos y, por tanto, en ocasiones se denominan **"historias internas"**

Historia externa: buscan explicar el desarrollo de la ciencia psicológica en términos de las condiciones sociales, económicas, políticas y culturales que fomentaron ciertas formas teóricas y prácticas de esta área del conocimiento, pero que limitaron otras (Buss, 1975; Furumoto, 1989).

Algunas de estas historias también las han escrito **expertos en otras disciplinas**, es decir, historiadores profesionales y no psicólogos.

El *Zeitgeist* y la historia de los grandes hombres

La teoría del Gran Hombre supone que el cambio histórico es creado por grandes hombres, como Julio César, Napoleón o Hitler; y que el cambio científico es creado por figuras como Galileo, Newton o Einstein.

Según este punto de vista, tales personas, por obra de su genio y personalidad, imponen sus voluntades a la historia. En consecuencia, la Historia es contemplada como la narración de los comportamientos de los individuos, en particular de los más destacados. Así pues, la Historia de la Psicología la compondrían las biografías de Platón, Aristóteles, Wundt, Freud, Watson, Skinner y Chomsky.

Nuestra época ha abandonado la teoría del Gran Hombre, favoreciendo la teoría del *Zeitgeist*, propuesta por primera vez en forma influyente por Hegel. *Zeitgeist* es un término alemán que significa "espíritu" (geist) de los "tiempos" (zeit), y quienes sostienen esta concepción creen que la Historia está determinada, no por las acciones de Grandes Hombres, sino por amplias fuerzas impersonales que trascienden a los individuos. utilizarlos hubiera sido distinta.

Los defensores de esta teoría dirían que, de haber muerto Freud, algún otro hubiera inventado el psicoanálisis, pues sus ideas estaban ya todas ellas latentes en el *Zeitgeist* del siglo XIX.

El desarrollo histórico importante es producto tanto de un individuo significativo como del espíritu de los tiempos, es decir, de alguien que es la persona correcta en el lugar apropiado, en el momento adecuado.

Iván Pavlov (1849-1936) es famoso por su "descubrimiento" de lo que ahora se conoce como condicionamiento clásico. Demostró que el reflejo de salivación de los perros y otros animales podía condicionarse por medio de un estímulo neutro cuando éste se presenta regularmente junto al alimento

Pero según el *Zeitgeist* de no haber sido Pavlov otro lo hubiera hecho.

Historia presentista y contextualista

Historia presentista: conocida asimismo como historia "liberalista", en la cual la historia de la psicología se representa como una teoría y una práctica aproximativas (idealizadas).

Representan la historia de la psicología a lo largo de su evolución, que va desde las teorías primitivas sobre el alma o los espíritus inmateriales hasta el quehacer científico moderno.

Historia contextualista, conocida como "historicismo", en la cual cada episodio o época histórica se explica de manera neutral en sus propios términos (Stocking, 1965).

Es apropiado, por ejemplo, tratar de explicar por qué el conductismo atrajo a muchos psicólogos estadounidenses en los años veinte.

Historia conceptual de la psicología

La historia de la psicología aún está en pañales como disciplina académica. Aunque las primeras historias de esta ciencia se escribieron en las décadas iniciales del siglo XX, la historia de la psicología no se estableció como subdisciplina de la psicología sino hasta los años sesenta, con la fundación del Journal of the History of the Behavioral Sciences en 1965 y el establecimiento de la división de Historia de la Psicología de la American Psychological Association ese mismo año.

Aun cuando los inicios de la historia de la psicología se ubican en el Mediterráneo, Oriente Medio y Europa, y la historiografía del siglo XIX se concentra en los desarrollos que se dieron en Gran Bretaña, Francia y Alemania, la historia de la psicología en el siglo XX es en buena medida la historia de la psicología estadounidense. Aunque la psicología científica institucional se originó en Alemania a finales del siglo XIX, para principios del siglo XX la psicología estadounidense ya dominaba otras corrientes psicológicas nacionales en términos de la cantidad de psicólogos, las instituciones que ofrecían títulos, los libros, revistas y poblaciones estudiantiles.

Esta dominación estadounidense ha generado tanto beneficios como limitaciones para el desarrollo global de la disciplina. Como señala Danziger (1994): "La psicología moderna surgió como una red internacional de investigadores y practicantes, pero gradualmente se transformó en un sistema dominado por una sola potencia nacional, lo que ha tenido profundas implicaciones para su desarrollo teórico y metodológico".

La historia de la psicología en Costa Rica: Un testimonio del compromiso con el desarrollo social

La psicología en Costa Rica ha recorrido un camino marcado por el compromiso con el desarrollo social y el bienestar de la población. Desde sus inicios formales en 1967, la disciplina ha evolucionado para adaptarse a las necesidades específicas del país, manteniendo altos estándares profesionales y una identidad propia dentro del contexto latinoamericano (Flores-Mora, 2010).

Inicios y desarrollo de la psicología en Costa Rica La psicología costarricense inició formalmente en 1967 con la creación de la Escuela de Psicología en la Universidad de Costa Rica (UCR) (Salazar, 2014). El desarrollo de la disciplina estuvo fuertemente influenciado por los movimientos sociales y las demandas particulares de la nación, enfocándose en la creación de programas de salud mental comunitaria y en la atención a poblaciones vulnerables (Dobles-Oropeza, 2013). Esta orientación hacia el servicio social se convirtió en una característica distintiva de la práctica psicológica en el país.

Profesionalización y consolidación. Un hito importante en la consolidación de la profesión fue la fundación del Colegio Profesional de Psicólogos de Costa Rica en 1977 (Colegio Profesional de Psicólogos de Costa Rica, 2021). Este organismo ha desempeñado un papel crucial en la regulación y promoción de la psicología, asegurando que los profesionales cumplan con los más altos estándares éticos y técnicos. Además, el Colegio ha fomentado la investigación y la formación continua, contribuyendo al fortalecimiento de la disciplina (Colegio Profesional de Psicólogos de Costa Rica, 2021).

Integración de perspectivas clínicas y sociales. A lo largo de su historia, la psicología costarricense ha logrado integrar perspectivas tanto clínicas como sociales, reconociendo la importancia de abordar los problemas individuales y colectivos de manera integral (Álvarez-Mora & González-Suárez, 2018). Esta visión holística ha permitido a los psicólogos contribuir significativamente al desarrollo humano del país, trabajando en diversos ámbitos como la educación, la salud, el trabajo y la comunidad (Salazar, 2014).

Adaptación a las necesidades específicas de la población. Como señala Flores-Mora (2010), la psicología costarricense se ha caracterizado por su compromiso con el desarrollo social y su capacidad para adaptarse a las necesidades específicas de la población. Este equilibrio entre las influencias internacionales y las demandas locales ha dado lugar a una práctica psicológica contextualizada y socialmente relevante, que ha demostrado su valor en la promoción del bienestar y el progreso de la sociedad costarricense (Álvarez-Mora & González-Suárez, 2018).

En conclusión, la historia de la psicología en Costa Rica es un reflejo de la dedicación de los profesionales a la construcción de una disciplina comprometida con el desarrollo social y el bienestar de la población. A través de su evolución, la psicología costarricense ha demostrado su capacidad para integrar perspectivas diversas, mantener altos estándares profesionales y adaptarse a las necesidades cambiantes de la sociedad, convirtiéndose en un pilar fundamental para el desarrollo humano del país.

Historia de la Psicología "Un pasado Largo"

Para explicar los principios más remotos de lo que hoy conocemos como psicología, primero debemos entender que desde los inicios de la Humanidad se ha necesitado mantener distintas formas de conocimiento práctico, cómo conseguir alimento para sobrevivir, que espacios habitar de forma segura, cómo protegerse de las inclemencias del tiempo o escapar de los depredadores. En este nivel no puede que no existiera una elaboración teórica muy compleja, pero a medida que fuimos evolucionando, también evolucionaron nuestras capacidades cognitivas y con ello aparecerán las primeras manifestaciones artísticas. El arte, las pinturas rupestres, los jeroglifos y los geoglifos, estas pinturas o grabados que se hacen en las rocas y en la tierra que no solo eran arte, si no también cumplían funciones simbólicas y eran íconos identitarios e incluso servían como señales para orientarse indicando estrellas o marcando rutas útiles y lo más importante posibilitaban la transmisión de conocimiento de un grupo humano a otro.

Estas obras zoomorfas, antropomorfas y geométricas como se indicó no solo son expresiones artísticas, también son información de caza, registros de los animales necesarios para sobrevivir, así como representaciones de danza, y rituales que permitirían obtener de la naturaleza ciertos elementos para sobrevivir. En medio del desierto eran muy prácticas como puntos de referencia para no extraviarse, es en este novel que los seres humanos se ven enfrentados a la naturaleza y tratan de subsistir de la mejor manera, el conocimiento que acumulan se presenta de una forma mágica.

El pensamiento Mágico-Religioso es la forma más primitiva de elaboración teórica de la humanidad. Este pensamiento mágico se empieza a complejizar de a poco otorgándole características humanas a los fenómenos naturales que nosotros mismos no hemos debido enfrentar, como terremotos, los rayos, la lluvia, apareciendo así las primeras divinidades y con ellas el surgimiento del pensamiento mágico religioso.

Por ejemplo, aparece Anubis que es una deidad de la mitología egipcia asociada con la muerte, la momificación y el inframundo:

Era el guardián de las tumbas y se encargaba de guiar a los espíritus de los muertos hacia Osiris. Pesaba el corazón de los muertos en una balanza de la justicia para determinar si podían entrar en el reino de Osiris. Era el patrón de los embalsamadores y se le consideraba el inventor de esta técnica. Se le representaba como un hombre con cabeza de chacal o como un chacal completo. Era asociado con animales carroñeros como el perro y el gato salvajes. Se le rindió culto en todo el Imperio egipcio durante casi tres mil años. En la época griega, los griegos lo fusionaron con Hermes para crear a Hermanubis.

Anubis también recordaba a los vivos la importancia de vivir de acuerdo con los principios de Ma'at, promoviendo un ciclo de vida, muerte y renacimiento.

En este nivel conceptual del desarrollo de la humanidad, Se generan rituales que permitirían controlar las fuerzas naturales, claro que para que los rituales sean efectivos debe creerse intensamente en ellos. Algunos de los fenómenos naturales se divinizan y se antropomorfizan responden a fenómenos que hoy consideraríamos psicológicos, por ejemplo, Hathor que es la representación de la alegría del amor y la sexualidad, que son temas que efectivamente que hoy son de interés para la psicología.

Posteriormente, además del pensamiento mágico religioso, empiezan a generarse otras explicaciones distintas al pensamiento mágico religioso sobre los fenómenos naturales que surgen de la especulación filosófica y la investigaciones experimentales que son temas en los que destacaron los antiguos griegos, a quienes debemos el nombre de psicología que como explicamos en el capítulo uno surge de la unión de las palabras psique (alma) y logos que tiene varios significados (estudio, ciencia, razón o conocimiento). Literalmente podríamos traducir la palabra psicología como "estudio del alma".

El concepto de "alma" ha tenido varias interpretaciones distintas según el contexto, para el hinduismo, judaísmo y cristianismo, es un concepto cargado con una connotación divina, pero para los griegos el "alma" sería el equivalente al "aliento" o aquello que anima al cuerpo y lo mantiene vivo y aunque en un principio también estaba vinculado con creencias religiosas, veremos que poco a poco se va mezclando con elementos más fisiológicos.

La psicología y la Filosofía

La palabra "filosofía" puede traducirse como "amor por la sabiduría". La filosofía surge en la antigua Grecia como un intento por comprender la realidad en su conjunto, no a través de explicaciones mitológicas, sino del uso de la propia razón: por la reflexión, especulación y teorización se pretende alcanzar el conocimiento global.

En el mundo griego los filósofos, lejos de vivir encerrados en un estudio, actuaban como maestros en los asuntos más importantes de la vida, desde la política y el dinero hasta la amistad o el amor.

Aportes Griegos a la Psicología

Dentro de los aportes más antiguos tenemos a **Homero (siglo VII a. C.)** quien describe conductas y procesos subjetivos en las obras literarias que se le atribuyen.

Tales de Mileto (Siglo VI a. C.)

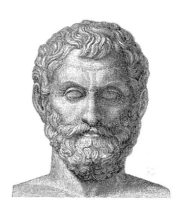

Primer teórico importante en esta tradición. Fundador de lo que llegó a conocerse como la escuela jónica, pues sus principales partidarios provenían de la federación jónica de las ciudades-estado, ubicada en lo que ahora es la costa suroeste de Turquía.

Planteó que el elemento fundamental es el agua. Ésta no era una especulación descabellada, ya que el agua se manifiesta en forma líquida, sólida (congelada) o gaseosa (evaporada) y es esencial para todas las formas de vida.

Se le reconoce por haber introducido la geometría en la antigua Grecia, aunque buena parte de sus bases en la materia probablemente se derivaron de sus viajes a Egipto y Babilonia. Inició la tradición crítica del pensamiento científico.

Empédocles (Siglo V a. C.)

"El órgano del alma es el corazón" Estableció como principios constitutivos de todas las cosas los cuatro elementos naturales: el agua, el aire, la tierra y el fuego.

Según Empédocles, lo que provoca el continuo cambio, el perpetuo devenir, son dos fuerzas cósmicas que llamó Amor y Odio. El Amor tiende a unir los cuatro elementos, como atracción de lo diferente; el Odio actúa como separación de lo semejante.

EL FORMALISMO

El formalismo es el planteamiento según el cual el universo se explica mejor en términos de relaciones formales o matemáticas.

Parménides (Siglo V a. C.)

"La mente es producto de la composición material del cuerpo"

Los pensamientos varían según la composición material del cuerpo.

Desarrolla el método dialéctico: la exploración sistemática de argumentos en favor y en contra de posturas opuestas. Fue el principal teórico de lo que llegó a conocerse como la escuela eleática.

Pitágoras (Siglo V a. C.)

Dualista: la mente y el cuerpo son entidades distintas

Distinguía entre la psique inmortal, que puede percibir racionalmente el mundo inteligible, y el cuerpo material corruptible en el que está encerrada

Según Pitágoras, cada psique humana está poseída por su propia divinidad y atraviesa por ciclos de renacimiento en forma vegetal, animal y humana, que puede recordar. La liberación de la prisión corporal y el ciclo de renacimiento se alcanza sólo merced a la purificación de la psique por medio de la contemplación racional del mundo inteligible, por el cual puede alcanzar la unión final con el "alma del mundo"

Comprometido con una ética de la abstinencia y la autodisciplina. Esto comprendía la prohibición de la ingestión de carne o frijoles, ya que ambos podían incluir almas transmigradas, y la adopción de varias medidas ideadas para liberar la psique de su prisión corporal.

Se le conoce como el primer matemático puro, haciendo grandes contribuciones en geometría y aritmética.

Demócrito (Siglo V a. C.)

Atomista: el alma estaba formada por átomos. Los objetos en el mundo externo emitían rayos de átomos que chocaban con la mente de quien los percibía y así se producían las percepciones.

"La cabeza es el asiento de la razón, el corazón es el responsable de la rabia y el hígado del deseo"

Alcmeón (Siglo V a. C.)

Médico y filósofo griego, realizó importantes contribuciones al conocimiento del cerebro y su relación con la cognición y la percepción. Fundó una escuela de medicina en Crotona, en el sur de Italia, donde se apartó de las prácticas médicas místicas y religiosas de la época, optando por un enfoque más empírico y racional.

A través de la disección de ojos y cerebros humanos, Alcmeón llegó a la conclusión de que el cerebro es el centro de la percepción y la cognición. Identificó los nervios ópticos que conectan la retina con el cerebro, lo que le permitió establecer la relación entre el órgano de la visión y el procesamiento cerebral de la información visual. Además, al observar lesiones cerebrales, dedujo que la conciencia y la razón son funciones propias del cerebro.

Alcmeón rechazó las explicaciones médicas basadas en creencias místicas o religiosas, y en su lugar propuso una teoría de la salud y la enfermedad fundamentada en las propiedades de los cuatro elementos descritos por Empédocles: tierra, aire, fuego y agua. Según esta teoría, el equilibrio entre estos elementos era esencial para el mantenimiento de la salud, mientras que su desequilibrio conducía a la enfermedad.

Las contribuciones de Alcmeón representaron un importante avance en la comprensión del cerebro y su papel en la cognición y la percepción. Al basar sus conclusiones en la observación directa y la disección, sentó las bases para el desarrollo de una medicina más empírica y científica, alejada de las explicaciones sobrenaturales predominantes en su tiempo. Sus hallazgos sobre la relación entre el cerebro, la conciencia y la razón anticiparon ideas que serían retomadas y desarrolladas por pensadores posteriores, y que continúan siendo fundamentales en nuestra comprensión actual del funcionamiento cerebral.

Hipócrates (Siglos V y VI a. C.)

Todas las enfermedades son el resultado de causas naturales y, por lo tanto, debían ser tratadas usando métodos naturales.

El cuerpo debe funcionar en un estado armónico, por tanto, comúnmente prescribía descanso, ejercicio, música, mejoramiento de la dieta y esparcimiento para restablecer la armonía natural del cuerpo.

Para él el paciente estaba primero y en segundo plano la enfermedad. Su método de estudio era la observación y muchos lo consideran el padre de la medicina.

Desarrolló las causas naturales de las condiciones psicológicas, recomendó tratamientos holísticos, presentó la primera descripción clara de muchos problemas conductuales, y formuló teorías perdurables del temperamento y la motivación.

En sus estudios médicos, descubrió que los seres humanos poseen varios fluidos en sus cuerpos, y dependiendo de la dominancia en cantidad de uno o varios de ellos, éstos podían determinar características físicas, de personalidad y de temperamento en cada persona.

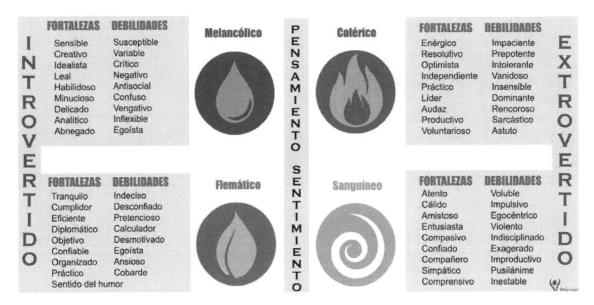

Tabla 2. Tipos de fluidos en el cuerpo humano según Hipócrates.

Los Sofistas: maestros especializados en la retórica y la lógica, que cobraban a sus alumnos por instruirlos en el arte de la persuasión.

Planteaban interrogantes perturbadoras para la época, sobre las afirmaciones de que podía conocerse el mundo natural con base en la experiencia sensorial.

Protágoras de Abdera (490-420 a.C.) "El hombre es la medida de todas las cosas"

La variabilidad de la experiencia sensorial: lo que a una persona puede parecerle frío o ruidoso, a otra, o a la misma persona posteriormente, puede parecerle caliente o silencioso.

Se le atribuye haber defendido una forma de relativismo según la cual lo que es verdadero es relativo a lo que cualquier individuo percibe o juzga.

Sócrates (Siglo V a. C.)

Sócrates, el maestro de Grecia revolucionó las enseñanzas filosóficas y atrajo a un reducido pero selecto grupo de discípulos, con los que practicó un nuevo método de argumentación basado en el diálogo .

Desechó el estudio de la Naturaleza para dedicarse al de las cosas humanas, especialmente al fin supremo de toda acción humana: el bien. Concluyó que el alma, y no tanto el cuerpo, constituye la realidad primordial del hombre.

"LA VERDAD NO PUEDE SER DEFINIDA POR UNA AUTORIDAD ABSOLUTA, SINO QUE DESCANSA EN LA MENTE DE CADA UNO".

Desarrolló el método Socrático basado en preguntas y respuestas.

Se concentró en cuestiones éticas y enseñó que la virtud es conocimiento. Trató de descubrir la esencia objetiva del valor, la justicia, el conocimiento y la virtud mediante el examen crítico de las definiciones propuestas en términos de propiedades comunes para todos los casos.

Su método era la mayéutica, término que proviene de la palabra griega mayeuta, partera. Ayudaba al discípulo a aflorar las ideas que éste guardaba en su interior, para analizarlas y saber si eran valiosas.

Naturalismo y Espiritualismo

NATURALISMO: el hombre era susceptible de ser observado de forma natural y que estaba sometido a las leyes de la naturaleza. La "psique" o el "alma" entra a formar parte de esta naturaleza en la que participan todos los seres y, por tanto, no es ya un elemento que procede del "mundo de las ideas", sino que es parte de este mundo de sustancias.

ESPIRITUALISMO: El hombre es sobrenatural en su origen y destino. existe un mundo distinto al terrestre –"el mundo de las ideas"– donde el "alma" (la psique) ha vivido antes de pertenecer al cuerpo. De este planteamiento partirá el dualismo platónico que diferencia entre alma y cuerpo. La muerte separa estas dos entidades y libera el alma que retorna al mundo ideal. El alma es una sustancia de origen divino, espiritual y eterna.

Platón (427-347 a.C.) realizó importantes contribuciones a la comprensión de la mente humana:

1. Alma Racional (logistikon):

Ubicada en la cabeza, gobierna mediante la razón y sabiduría, busca la verdad y conocimiento, responsable del pensamiento filosófico y matemático y la única parte inmortal del alma.

2. Alma Espiritual (thymoeides):

Ubicada en el pecho, sede del valor y voluntad, controla emociones como ira, honor y vergüenza. Puede aliarse con la razón o los apetitos y es fundamental para el carácter moral.

3. Alma Apetitiva (epithymetikon):

Ubicada en el abdomen, controla deseos corporales, busca placer y satisfacción inmediata, Incluye hambre, sed y deseo sexual y requiere control racional.

Aportaciones psicológicas:

Primer modelo estructural de la psique. Diferenciación entre procesos mentales y corporales, Teoría del aprendizaje como reminiscencia. Conceptos sobre memoria y conocimiento, Base para la posterior psicología cognitiva.

Era un dualista y creía que la psique es una entidad inmortal e inmaterial encerrada temporalmente en un cuerpo material, y afirmaba que el conocimiento verdadero puede alcanzarse sólo cuando la psique purificada supera la corrupción del cuerpo material (mediante la autodisciplina o la muerte)

La armonía psicológica se logra cuando la razón controla las pasiones y los apetitos; los trastornos psicológicos y la inmoralidad se dan cuando ocurre lo contrario.

Como señala Brett (1912): "Platón estableció los cimientos para comprender la estructura jerárquica de la mente y la interacción entre razón y emoción, conceptos que siguen siendo relevantes en la psicología moderna".

Aristóteles (Siglo IV a. C.)

Aristóteles

Fue el primer teórico griego en dedicar una obra completa a la psicología, Sobre el alma (De Anima), aunque sus contribuciones relativas a asuntos psicológicos se distribuyen entre diversos libros, como Sobre la memoria, Sobre los sueños y la Ética nicomaquea

Primer teórico en reflexionar críticamente sobre la naturaleza de la explicación psicológica, tenía una marcada inclinación empírica.

Sus investigaciones en la biología, por ejemplo, se basaron en muchísimas observaciones pormenorizadas que realizó de la flora y la fauna del mundo natural.

El alma puede ser analizada de una manera puramente racional (lógica) o física (fisiológica). La sustancia del alma es la actividad (del cuerpo físico-orgánico).

Se experimenta placer si ciertas funciones necesarias son realizadas y si son impedidas o inhibidas se experimenta dolor.

No creía que el cerebro estuviese involucrado en funciones senso-perceptuales, pero sí el corazón.

Materialismo y explicación psicológica

Negaba que la psique pudiera existir independientemente del cuerpo material. Debido a que trataba la psique como la forma funcional de sustancias materialmente representadas. Era inconcebible que la forma de cualquier sustancia pudiera existir independientemente del material que la constituía en forma de ese tipo particular de sustancia.

Empirismo

Todo conocimiento se basa en la experiencia, por ello negaría la posibilidad de ideas a priori en la mente, o sea, cualquier conocimiento que estuviera dentro de ella previamente a la experiencia, es decir, no acepta las ideas innatas. A nivel científico las conclusiones serían extraídas a partir de los datos y no a través del uso de la razón.

Racionalismo

Se acentúa el papel de la razón y creería en unas verdades iniciales indiscutibles dentro de la mente humana, a partir de las cuales, por derivación o argumentación lógica, podría llegar a conclusiones específicas.

El racionalismo y el empirismo fueron esenciales para la psicología filosófica de la etapa moderna de la historia, ya que con su influencia impregnarían el pensamiento de aquellos que darían paso a la psicología científica. (psicología científica)

Innatismo

El primer pensador que postuló ideas sobre el innatismo fue Platón, para él el conocimiento fue adquirido en vidas pasadas. Otros pensadores como Descartes, Leibniz, Darwin y Galton continuaron con la corriente innatista, planteando que para la comprensión de la adquisición de conocimiento se debe partir del ser humano como individuo, sea por su mente o rasgos genéticos heredados. El conocimiento surge del ser humano, mostrando una clara separación entre él y su contexto.

Asociacionismo

Los autores clásicos (Aristóteles, Quintiliano, Agustín de Hipona, Maimónides, o Tomás de Aquino), cuando empezaron a analizar la mente humana, se percataron de que las ideas se sucedían unas a otras, que unas evocaban a otras, o que algunas aparecían siempre unidas a otras. No sólo ocurría esto con las ideas, sino que algunos hechos que habían acaecido conjuntamente se recordaban luego juntos. En esa época las ideas asociacionistas estuvieron ligadas prácticamente a la explicación de la memoria.

Monismo

Sostiene que todo en el universo es una sola sustancia o esencia, y esta sustancia puede ser material o espiritual, por lo cual tenemos dos tipos, monismo materialista, donde la realidad solo está conformada por materia, y monismo espiritualista o idealista, donde toda la realidad es solamente un constructo de la mente.

Dualismo

Cuando hablamos de una concepción dualista de la realidad nos estamos refiriendo a la idea de que está compuesta por dos elementos o sustancias; una parte material, formada por materia y una parte espiritual, que no es observable a simple vista ni es capaz de ser alcanzada por los sentidos (como el "alma").

Se separa a una persona en dos partes, su parte corporal que es su materia, pero por otro lado está su mente, su parte espiritual. O sea que cuerpo y mente están separados, y funcionan de forma distinta con leyes distintas.

Aportes Romanos a la Psicología

Asclepíades de Bitinia (Siglos II y I a. C.)

Fue un médico griego, nacido en Prusa, que ejerció y desarrolló sus trabajos sobre medicina griega en Roma. Propuso métodos terapéuticos. Genera la primera definición de las Ilusiones y las Alucinaciones.

Marco Tulio Cicerón (Siglo II y I a. C.)

En su agitada vida política Cicerón -que con su esfuerzo, sus dotes de orador, el trabajo como abogado y su carrera en diversos cargos públicos, llegó a ser cónsul de Roma-, vivió la turbulenta época del fin de la República romana y de las abusivas imposiciones senatoriales.

-Énfasis en las enfermedades del alma.

Aulo Cornelio Celso (Siglos I a. C y I d. C.)

Dedica parte de su obra médica a las enfermedades mentales (generales).

Los escépticos

Pirrón de Elis (c. 365-275 a.C.)

Repudiaban toda pretensión de conocimiento. Defendían la suspensión de las creencias y recomendaban que la gente siguiera las prácticas morales y religiosas locales predominantes en la sociedad en cualquier tiempo y lugar.

Los cínicos

Antístenes de Atenas (445-364 a.C.) y Diógenes de Sínope (412-323 a.C.)

Rechazaban el conocimiento clásic o y la moralidad convencional y recomendaban una vida de independencia natural, libre de gobierno, costumbres y tradición. Se les llamó los cínicos en virtud de la forma de vida extremadamente primitiva que defendían y ejemplificaban

Cínico significa "perro", y Diógenes es famoso por haberse comportado como aquel mamífero, utilizando la plaza pública como baño y lugar de masturbación.

El epicureísmo

Epicuro de Samos (341-270 a.C.)

Desarrolló una filosofía de la felicidad individual basada en el atomismo de Demócrito y la negación de la posibilidad de una vida posterior a la muerte.

Una filosofía de la moderación basada en la razón, la elección y la disciplina, la cual supuestamente garantizaba a la larga la mayor cantidad de felicidad genuina. Se consideraba que la amistad era la forma más elevada de placer, y que debían evitarse la comida y la bebida suculentas (sobre todo en exceso)

Estoicismo

Zenón de Citio (333-326 a.C.)

Todo en la naturaleza está predeterminado de acuerdo con un plan divino. Determinismo: el universo es un todo armonioso y causalmente relacionado.

Panteístas: No hay un Dios fuera de la naturaleza o el mundo, éste en su totalidad es el que es divino.

La Libertad y tranquilidad se alcanzan tan solo alejándose de lo material, de la fortuna externa y dedicándose a una vida orientada por la razón y virtud y la virtud consiste en vivir de acuerdo con la razón.

La pasión es lo contrario a la razón, es incontrolable y por tal motivo debe evitarse, vivir libre de pasiones es considerarse ciudadano del mundo.

El estoicismo ejerció un atractivo generalizado entre los romanos y parecía especialmente adecuado para su temperamento moral, social y práctico. Lo adoptaron emperadores **(Marco Aurelio, 121-180 d.C.)**, hombres de Estado **(Séneca, 4 a.C.-65 d.C.)** y esclavos **(Epicteto, 55-135 d.C.)**.

Ciencia alejandrina

Herófilo de Calcedonia (335-280 a.C.)

Discípulo de Hipócrates, fundó la escuela anatómica del Museo de Alejandría, en donde la investigación y la enseñanza médica se basaban en la disección de cadáveres humanos y en la vivisección de animales. Herófilo distinguió entre los nervios sensoriales y motores y junto con su colega **Erasítrato (304-250 a.C.)** exploró las funciones del sistema nervioso.

A Herófilo suele llamársele el padre de la anatomía (y a Erasítrato el padre de la fisiología), pero su obra precursora también desacreditó la disección.

Euclides (325-265 a.C.)

Fue curador y bibliotecario de la Gran Biblioteca de Alejandría. En su obra Los elementos integró y organizó el conjunto de conocimientos aritméticos y geométricos desarrollados por los egipcios, los babilonios y los pitagóricos, y derivó teoremas, como el de Pitágoras, a partir de axiomas evidentes en sí mismos.

Claudio Ptolomeo de Tolemaida (100-170 a.C.)

Convirtió la teoría geocéntrica (centrada en la Tierra) de los cielos propuesta por Aristóteles en su Almagesto. Argüía que los planetas mantienen órbitas circulares en torno a una tierra fija, pero introdujo un sistema de epiciclos (círculos dentro de otros círculos) para explicar el movimiento retrógrado de algunos de los planetas (que parecen reducir su marcha, detenerse, retroceder y luego moverse de nuevo en la dirección original).

Este sistema astronómico fue aceptado casi en su totalidad (con solo modificaciones menores) hasta el siglo XVI, cuando lo refutaron pioneros de la revolución científica en Europa como Nicolás Copérnico (1473-1543), Johannes Kepler (1571-1630) y Galileo Galilei (1564-1642). Ptolomeo también realizó experimentos precursores sobre el color y la reflexión y refracción de la luz, que demostró en su Óptica.

Galeno (130-200 d.C.)

Se convirtió en médico personal del emperador romano Marco Aurelio, se formó en Alejandría, en donde la ciencia médica se basaba originalmente en la disección de cadáveres humanos.

Tabla 3. Tipos de personalidad según Galeno.

Galeno de la teoría de Hipócrates sobre los cuatro humores corporales al convertirla en una teoría sobre los tipos de la personalidad.

Fue una figura fundamental que estableció importantes bases para el desarrollo posterior de la psicología. Sus principales aportes incluyen:

1. Formación y Método:

Recibió entrenamiento formal como médico y anatomista.

Implementó el método de observación y experimentación sistemática.

Realizó numerosas disecciones humanas para fundamentar sus teorías.

2. Principios Fundamentales:

Sostenía que ninguna parte del cuerpo humano es superflua.

Reconocía la existencia de una naturaleza espiritual en el ser humano.

Integró el conocimiento anatómico con la comprensión del comportamiento.

3. Contribuciones Específicas:

Realizó estudios pioneros sobre el corazón y su función.

Estableció conexiones entre estados emocionales y salud física.

Desarrolló una teoría sobre el origen de las enfermedades mentales.

4. Teoría de las Pasiones: Identificó que las enfermedades del alma surgían de pasiones como:

El enojo, miedo, pesar, envidia y la lujuria violenta.

"Si una persona desea llegar a ser buena y noble, déjenla buscar a alguien que la ayude revelándole cada acción que sea errónea... No debemos dejar el diagnóstico de esas pasiones a nosotros mismos, sino que debemos confiarlo a otros... Esa persona madura puede ver esos vicios y debe revelarnos con franqueza todos nuestros errores. Luego, cuando nos señale alguna falta, déjennos primero agradecérselo inmediatamente; después déjennos alejarnos y considerar la causa nosotros mismos; permítanos censurarnos a nosotros mismos y tratar de acabar con la enfermedad, no sólo hasta el punto donde no sea visible para otros, sino hasta el de remover sus raíces de nuestra alma" (Galeno, citado por Hajal, 1983).

El Neoplatonismo y sus Influencias en el Pensamiento Psicológico

El Neoplatonismo y su Contexto:

Representa una corriente filosófica que enfatizó los aspectos místicos y espirituales de la filosofía platónica.

Se distanció del racionalismo crítico original de Platón.

Ejerció una influencia significativa en el desarrollo inicial del cristianismo.

Sentó bases importantes para la comprensión medieval de la mente y el alma.

Filón de Alejandría (20 a.C.-50 d.C.)

Principales Postulados:

El conocimiento proviene directamente de la revelación divina.

Rechazaba la experiencia sensorial y la razón como fuentes válidas de conocimiento.

Consideraba que tanto la experiencia sensorial como la razón obstaculizaban el verdadero conocimiento.

Vías para el Conocimiento según Filón:

La mente purificada, la recepción pasiva de la iluminación divina, la meditación, el trance y los sueños.

Implicaciones para la Psicología:

Introdujo una perspectiva mística en la comprensión de los procesos mentales.

Influyó en el desarrollo de teorías sobre estados alterados de consciencia.

Estableció bases para la posterior integración entre psicología y espiritualidad.

La Decadencia del Imperio Romano y el Surgimiento del Cristianismo

Contexto Histórico:

La caída del Imperio Romano marcó un punto de inflexión crucial en la historia del pensamiento psicológico. Durante este período de profunda transformación, la sociedad romana experimentó una desintegración progresiva caracterizada por inestabilidad política y social. Este clima de incertidumbre creó las condiciones propicias para el surgimiento y expansión de nuevas corrientes religiosas y filosóficas. En medio de la crisis generalizada, las religiones mistéricas encontraron un terreno fértil entre la población, ofreciendo promesas de salvación espiritual que resultaban especialmente atractivas para quienes buscaban consuelo y significado en tiempos turbulentos.

El Cristianismo y su Evolución:

El cristianismo, cimentado en la vida y enseñanzas de Jesús, experimentó una notable evolución desde sus orígenes hasta convertirse en la religión oficial del Imperio Romano. En sus inicios, los primeros cristianos enfrentaron persecuciones sistemáticas dentro del imperio, pero a pesar de esta oposición, la nueva fe fue expandiéndose gradualmente entre las diferentes clases sociales, desde los estratos más humildes hasta alcanzar eventualmente las esferas más altas de la sociedad romana.

Dos momentos históricos resultaron decisivos en esta transformación. El primero ocurrió en el año 313 d.C., cuando el emperador Constantino promulgó el Edicto de Milán, estableciendo la tolerancia religiosa en todo el imperio. Este decreto no solo puso fin a las persecuciones contra los cristianos, sino que también marcó el inicio del cristianismo como una fuerza política significativa dentro del imperio. El segundo momento crucial llegó en el año 380 d.C., cuando el emperador Teodosio dio un paso aún más radical al proclamar el cristianismo como la religión oficial del Estado mediante un decreto que también prohibía las prácticas paganas. Esta decisión consolidó definitivamente el poder de la Iglesia, transformando profundamente la estructura social y política del imperio.

Impacto en el Pensamiento Psicológico:

La transición hacia el cristianismo produjo una profunda transformación en la comprensión del ser humano y su naturaleza psicológica. Los conceptos grecorromanos sobre la mente y el alma, que hasta entonces habían dominado el pensamiento occidental, fueron reinterpretados bajo la nueva luz de la doctrina cristiana. Esta transformación no se limitó a un simple cambio de terminología, sino que representó una completa reconceptualización del ser humano. La perspectiva cristiana introdujo una nueva dimensión en la comprensión de la psique humana, particularmente en lo referente a la naturaleza del alma y su relación con lo divino. Además, esta nueva cosmovisión ejerció una influencia decisiva en la comprensión de la conducta moral y el concepto del libre albedrío, estableciendo un marco de referencia que dominaría el pensamiento psicológico durante siglos, influyendo profundamente en cómo se entendían las motivaciones humanas y la capacidad de elección moral.

La Psicología en el Período Medieval

Delimitación Histórica:

El período medieval se enmarca entre dos acontecimientos históricos cruciales que transformaron profundamente el panorama político y cultural de Europa. Su inicio se establece convencionalmente con la deposición del último emperador romano de Occidente, Rómulo Augusto, en el año 476, un evento que marcó el fin formal del Imperio Romano de Occidente y el comienzo de una nueva era. Este período se extendió durante casi un milenio, hasta su conclusión simbólica con la caída de Constantinopla en 1453, cuando la antigua capital del Imperio Romano de Oriente sucumbió ante el avance del Imperio Otomano. Este último acontecimiento no solo representó el fin definitivo del Imperio Romano en su manifestación oriental, sino que también catalizó cambios significativos en las relaciones entre Oriente y Occidente, contribuyendo al surgimiento de nuevas dinámicas políticas, económicas y culturales que caracterizarían el inicio de la era moderna.

Etapas del Período Medieval:

El período Medieval Temprano, que abarcó desde el año 500 hasta el 1000 d.C., se caracterizó por una significativa transformación en la estructura social y económica de Europa. Durante esta época, el comercio experimentó una notable disminución, lo que afectó profundamente el intercambio no solo de bienes materiales sino también de ideas y conocimientos. Este declive comercial coincidió con una marcada reducción en el desarrollo y la difusión del conocimiento secular. Sin embargo, los monasterios emergieron como verdaderos bastiones de la preservación del saber, donde los monjes dedicaban considerable tiempo a copiar y resguardar manuscritos antiguos, salvaguardando así el legado intelectual de épocas anteriores. El pensamiento religioso dominaba todos los aspectos de la vida intelectual y social, estableciendo un marco interpretativo a través del cual se entendía tanto el mundo natural como el comportamiento humano. Esta prevalencia del pensamiento religioso influyó decisivamente en cómo se comprendían y explicaban los fenómenos psicológicos durante este período.

El período medieval intermedio, que se extendió desde el año 1000 hasta el 1300, marcó un renacimiento significativo en Europa. El comercio experimentó un notable resurgimiento, lo que catalizó un intercambio renovado de ideas y conocimientos. Esta revitalización intelectual encontró su máxima expresión en la fundación de las primeras universidades, instituciones que se convertirían en centros cruciales para el desarrollo del pensamiento. Durante esta época, los eruditos medievales lograron una notable síntesis entre la fe religiosa y el razonamiento filosófico, estableciendo un equilibrio que caracterizaría el pensamiento de la época.

El período medieval tardío, comprendido entre 1300 y 1600, presenció transformaciones fundamentales en el panorama intelectual europeo. El sistema de pensamiento medieval comenzó a mostrar signos de desintegración bajo múltiples presiones tanto internas como externas. El surgimiento del Renacimiento introdujo nuevas perspectivas sobre el ser humano y su lugar en el mundo, mientras que la Reforma Protestante desafió fundamentalmente la autoridad intelectual y espiritual establecida.

El pensamiento psicológico medieval se distinguió por su estrecha integración con la teología. Los estudiosos medievales se concentraron intensamente en el estudio del alma, considerada como la esencia de la vida mental y espiritual. El debate sobre la relación entre mente y cuerpo ocupó un lugar central en las discusiones filosóficas, mientras se desarrollaban teorías sofisticadas sobre el comportamiento moral humano. La escolástica, como sistema filosófico-teológico, abordaba muchos de los temas que hoy consideramos propios de la psicología.

Esta estructura intelectual medieval eventualmente se transformó debido a varios factores convergentes. Las inconsistencias internas del sistema medieval comenzaron a hacerse evidentes, mientras que el pensamiento renacentista ejercía una presión creciente sobre las explicaciones tradicionales. Es importante notar que, contrario a la visión popular que representa a la Iglesia medieval como uniformemente hostil al pensamiento científico, la realidad histórica es más compleja. Los cambios sociales y culturales, junto con nuevos descubrimientos científicos, contribuyeron a una transformación fundamental en la comprensión de la mente y el comportamiento humano.

San Agustín de Hipona (354-430 d.C.)

Sostenía que el alma era una entidad espiritual separad a, que se hallaba encerrada temporalmente en un cuerpo material inferior. Reafirmó el planteamiento de Plotino según el cual el conocimiento se alcanza sólo por medio de la asimilación de las formas o ideas eternas y la iluminación divina, y que el hombre debe dar la espalda al mundo de los sentidos y el placer carnal.

Desarrolló una forma de dualismo sustancial y un conjunto de argumentos para sustentarlo que posteriormente llegaron a asociarse con René Descartes (en quien casi sin dudarlo influyó). Sostenía que el alma es una sustancia especial y simple, distinta de la sustancia material, y que sobrevive a la muerte del cuerpo.

Encomió el potencial que tienen los "sentidos internos" para ofrecernos autoconocimiento de los contenidos de la experiencia, el pensamiento y la memoria, y sostenía que el conocimiento del alma conduce al conocimiento de Dios.

Afirmaba que ciertas formas de conocimiento son innatas, como nuestro conocimiento de las relaciones matemáticas y los principios morales, y señaló que ciertas formas de memoria, como nuestra memoria de las emociones, no involucran imágenes.

La Escolástica constituye más un discurso ideológico que una propuesta filosófica o un avance científico.

Santo Tomás de Aquino (1225-1274).

Afirmaba que el pensamiento necesita de la experiencia sensorial pues depende de la capacidad para formar imágenes sensoriales y, por tanto, negaba la existencia de las ideas innatas.

También reconocía la naturaleza intencional de estados psicológicos como los pensamientos, las emociones, las motivaciones y los recuerdos, es decir, el hecho de que estos estados hagan referencia a algún objeto más allá de ellos mismos.

Cristianismo y ciencia medievales

Brujas y Demonios en el Contexto Medieval

Concepciones Populares:

Comúnmente se supone que durante este periodo los síntomas de los trastornos psicológicos se interpretaban como evidencias de brujería o posesión demoniaca, y que muchos inocentes perecieron como resultado de esa ignorancia, esta interpretación llevó a persecuciones y condenas injustas en nombre de Dios.

Impacto Histórico Documentado:

Es estima que la cantidad de víctimas en Europa llegó a cientos de miles, afectando generalmente a mujeres mayores, poco atractivas para la época y a niños, aunque se utilizaron diferentes métodos, la hoguera era el habitual.

Revisión Histórica:

La posición oficial de la Iglesia era más compleja: No reconocía oficialmente la existencia de brujas durante gran parte del período medieval. La hoguera estaba reservada principalmente para herejes impenitentes.

La obsesión europea por la cacería de brujas fue bastante real, pero alcanzó su cenit en los siglos XVI, XVII y XVIII.

Primeros Críticos y sus Aportaciones:

A. Cornelio Agripa (1486-1535):

Desde su posición dentro del círculo eclesiástico inicia las críticas a estas prácticas. Realiza cuestionamiento de las explicaciones sobrenaturales y propone un enfoque más racional del comportamiento humano.

B. Felipe Paracelso (1493-1541):

Sus contribuciones vienen desde la medicina. Refutación de explicaciones basadas en brujería y una búsqueda de causas naturales para el comportamiento anormal.

Pioneros en la Comprensión Psicológica:

A. Johannes Wier (1515-1588):

Obra fundamental: "Deception of Demons" (1563)

Principales contribuciones: Realizó la primera aproximación médica a los trastornos mentales, hizo cuestionamientos de la brujería como explicación y propuso las causas naturales para explicar el comportamiento anormal.

B. Reginald Scott (c. 1538-1599):

Obra clave: "El descubrimiento de la brujería" (1584)

Aportaciones significativas: Identificó posibles trastornos psicológicos, criticó la persecución de personas mentalmente perturbadas y promocionó un enfoque más humanitario.

Importancia Histórica:

Se genera la primera distinción entre comportamiento anormal, supuesta brujería y trastornos psicológicos.

Contribuciones al desarrollo de un enfoque científico de la conducta, donde predomine el tratamiento humanitario y la comprensión médica de los trastornos mentales.

Legado para la Psicología:

Establecimiento de bases para el Diagnóstico diferencial, el tratamiento basado en causas naturales, así como una aproximación científica a los trastornos mentales. Influencia en el Desarrollo de la psicopatología, Métodos de tratamiento y comprensión moderna de los trastornos mentales.

Esta transición del pensamiento representa un momento crucial en la historia de la psicología, marcando el inicio de una comprensión más científica y humanitaria de los trastornos mentales, alejándose de explicaciones sobrenaturales y acercándose a un entendimiento más racional y médico del comportamiento humano.

El Renacimiento y la Reforma: Transformación del Pensamiento Europeo

El Renacimiento, cuyo significado literal es "volver a nacer", emergió en el sur de Italia durante el siglo XIV, para posteriormente expandirse hacia el norte de Europa, marcando un período de profunda transformación intelectual y cultural. Este movimiento representó un cambio fundamental en la manera de comprender al ser humano y su relación con el conocimiento.

Francesco Petrarca (1304-1374) es considerado el padre del humanismo renacentista, siendo una figura primordial en esta transformación intelectual. Sus escritos marcaron un punto de inflexión al enfatizar la psicología del individuo y su lugar en el orden social y político. Petrarca se distinguió por su postura crítica hacia el pensamiento escolástico medieval y, particularmente, hacia el aristotelismo rígido que dominaba el dogma cristiano de la época.

Una de las características más notables del Renacimiento fue la aparente paradoja entre la fe humanista en el potencial humano y un creciente escepticismo hacia las pretensiones de conocimiento absoluto. Esta dualidad se ejemplifica claramente en la obra de Erasmo de Rotterdam, quien en su "Elogio de la locura" (1512) realizó una aguda crítica de las creencias dogmáticas y supersticiosas del escolasticismo medieval. Erasmo contrastó la pomposidad ceremonial y jerárquica de la Iglesia con la sencillez y humanidad que caracterizaban las enseñanzas originales de Cristo.

En el ámbito educativo y psicológico, destaca la figura del humanista español Juan Luis Vives (1492-1540), quien realizó contribuciones pioneras en la aplicación de teorías médicas y psicológicas a la educación. Vives es particularmente recordado por su comprensión de los principios asociacionistas de semejanza, contraste y contigüidad, lo que le ha valido ser considerado por algunos como el "padre de la psicología moderna". Su aproximación al estudio de la psicología humana se fundamentaba en la observación naturalista, como lo evidencia su célebre afirmación: "El estudio del alma humana tiene una gran utilidad en relación con todo tipo de conocimiento [...] Este tratamiento del desarrollo de los conocimientos dentro de nuestras almas procederá en paralelo al orden natural".

La Reforma Protestante emergió como resultado de la creciente insatisfacción con la estructura eclesiástica medieval. Martín Lutero (1483-1546), monje y profesor agustino en la Universidad de Wittenberg, inició este movimiento revolucionario al publicar sus 95 tesis en 1517 clavándolas en la puerta de la catedral de esa ciudad. Los principios fundamentales del protestantismo, desarrollados por Lutero, enfatizaban la fe individual, la consciencia personal y una aproximación más directa a la religión, en contraste con la jerarquía y el ritual elaborado de la Iglesia católica.

Aunque inicialmente la Reforma representó una forma de liberación espiritual, gradualmente desarrolló sus propias formas de dogma institucionalizado a medida que el protestantismo se expandía por Europa. Un efecto significativo de la Reforma fue la respuesta de la Iglesia católica, que en el Concilio de Trento (1545-1563) reafirmó las teorías aristotélicas de Santo Tomás de Aquino como fundamento doctrinal del catolicismo romano.

Este período de transformación intelectual y religiosa sentó las bases para el desarrollo posterior del pensamiento científico y psicológico moderno, estableciendo principios fundamentales como la importancia de la observación empírica y el valor del individuo en la construcción del conocimiento. La tensión entre el dogma institucional y la búsqueda de la verdad a través de la razón y la experiencia personal continúa siendo un tema relevante en la psicología contemporánea.

La Revolución Científica y el Nacimiento del Pensamiento Moderno

La revolución copernicana marcó un punto de inflexión fundamental en la historia del pensamiento científico. En 1543, Nicolás Copérnico pub licó su obra "Sobre la revolución de las esferas celestes", donde presentaba su teoría heliocéntrica, proponiendo que el Sol, y no la Tierra, era el centro del universo. Este cambio de perspectiva, conocido como el "giro copernicano", representó mucho más que un simple cambio en la comprensión astronómica; constituyó una transformación radical en la manera de entender el lugar del ser humano en el cosmos.

Copérnico

La recepción de la teoría copernicana fue compleja y controvertida. Aunque Copérnico publicó su obra de manera póstuma, no tanto por temor a la persecución eclesiástica sino por la anticipada incredulidad hacia sus ideas, las consecuencias de su teoría pronto se hicieron evidentes. Bajo la dirección del cardenal Belarmino (1542-1621), la Iglesia adoptó una postura que permitía considerar la teoría únicamente como un modelo matemático útil para cálculos, declarando "formalmente herética" cualquier defensa de su verdad física. En 1616, la obra fue incluida en el índice de libros prohibidos.

El caso de Galileo Galilei ilustra dramáticamente el conflicto entre el nuevo pensamiento científico y la autoridad eclesiástica. Después de defender la teoría copernicana en sus "Cartas sobre las manchas solares", Galileo enfrentó la advertencia de la Inquisición. A pesar de un período de relativa tolerancia bajo el papa Urbano VIII, la publicación de su "Diálogo sobre los dos principales sistemas del mundo" en 1632 llevó a su encarcelamiento. A los 70 años, enfermo y casi ciego, fue forzado a renegar de la doctrina copernicana, aunque la tradición recoge su famosa frase "Y sin embargo se mueve". La Iglesia católica no lo absolvería de estos "pecados intelectuales" hasta 1992.

Más radical aún fue la postura de Giordano Bruno (1548-1600), quien expandió la visión copernicana al proponer un universo infinito donde la Tierra era simplemente un planeta entre muchos. Sus ideas, junto con sus críticas teológicas, le costaron siete años de prisión y, finalmente, la vida.

La Revolución Científica representó una transformación profunda en la metodología del conocimiento. Francis Bacon emergió como un crítico incisivo de la filosofía natural antigua y medieval, abogando por un método basado en la observación y experimentación. Su enfoque materialista y realista buscaba revelar los "secretos de la naturaleza" a través de la investigación empírica, alejándose de la veneración ciega a las autoridades clásicas.

Esta época culminó con la figura de Isaac Newton, quien estudió en el Trinity College de Cambridge. Durante un período de aislamiento debido a la plaga (1665-1667), desarrolló contribuciones fundamentales: el teorema del binomio, el cálculo diferencial e integral, el primer telescopio reflectante y su teoría de la gravitación universal. Aunque no trabajó directamente en psicología, su metodología científica estableció las bases para el desarrollo posterior de una psicología empírica y experimental.

Este período marcó el nacimiento de una nueva forma de pensar basada en la evidencia empírica y el método experimental, elementos que serían cruciales para el desarrollo posterior de la psicología como disciplina científica. La transición desde la autoridad tradicional hacia la observación sistemática y la experimentación sentó las bases metodológicas que la psicología moderna adoptaría en su búsqueda por comprender el comportamiento y la mente humana.

El Hombre Máquina: El Giro Mecanicista en la Comprensión de la Naturaleza Humana

El surgimiento del pensamiento mecanicista marcó un punto de inflexión fundamental en la historia de la psicología. La transición desde explicaciones teológicas hacia explicaciones causales eficientes, que inicialmente transformó la astronomía y la física, eventualmente se extendió hacia la comprensión de la biología y la psicología humana, generando nuevas formas de entender la naturaleza del ser humano.

René Descartes emerge como una figura central en esta transformación intelectual. Su propuesta dualista, que distinguía entre res cogitans (sustancia pensante) y res extensa (sustancia material), intentaba reconciliar la nueva visión mecanicista del mundo con las creencias tradicionales sobre la naturaleza espiritual del ser humano. En su obra póstuma "El Hombre" (1664), que fue rápidamente incluida en el Índice Católico de Libros Prohibidos, Descartes presentó una visión revolucionaria del cuerpo humano como una máquina compleja. Esta conceptualización estuvo fuertemente influenciada por los avances tecnológicos y la ingeniería de su época, estableciendo un paradigma que influiría profundamente en el desarrollo posterior de la psicología.

Thomas Hobbes (1588-1679) llevó el pensamiento materialista en una dirección más radical y pesimista. Su visión de la naturaleza humana, fundamentalmente egoísta y orientada hacia la supervivencia individual, representó un desafío directo a las concepciones tradicionales del ser humano. Hobbes rechazó categóricamente la existencia de ideas innatas, fundamentando su psicología en principios estrictamente materialistas derivados de la ciencia mecanicista.

La perspectiva reduccionista de Hobbes sobre la psicología humana fue particularmente innovadora. Su afirmación de que los estados y procesos mentales no son más que "movimiento en cierta sustancia interna de la cabeza" anticipó muchos desarrollos posteriores en la neurociencia y la psicología fisiológica. Además, su adopción del hedonismo psicológico, que postulaba que todo comportamiento humano está determinado por la búsqueda del placer y la evitación del dolor, sentó bases importantes para teorías posteriores sobre la motivación y el comportamiento humano.

Esta concepción mecanicista del ser humano tuvo profundas implicaciones para el desarrollo de la psicología como ciencia:

Estableció las bases para un estudio sistemático y empírico del comportamiento humano.

Introdujo la idea de que los procesos mentales podían ser estudiados y comprendidos a través de métodos científicos.

Sugirió la posibilidad de que el comportamiento humano pudiera ser predicho y modificado a través de la comprensión de sus mecanismos subyacentes.

Sentó las bases para el desarrollo posterior de teorías conductistas y materialistas en psicología.

La visión del hombre máquina representó así un cambio paradigmático en la comprensión de la naturaleza humana, transitando desde explicaciones basadas en causas finales y propósitos divinos hacia explicaciones basadas en mecanismos causales y procesos materiales. Este cambio continúa influenciando la manera en que conceptualizamos la relación entre mente, cerebro y comportamiento en la psicología contemporánea.

La tensión entre las explicaciones mecanicistas y las concepciones más holísticas de la naturaleza humana persiste en los debates actuales sobre consciencia, libre albedrío y la naturaleza de la experiencia subjetiva, demostrando la continua relevancia de estas ideas fundamentales para la comprensión del comportamiento y la mente humana.

La Ilustración: El Despertar de la Razón (1700-1815)

La Ilustración representa uno de los movimientos intelectuales más significativos en la historia del pensamiento occidental. Como Immanuel Kant lo expresó elocuentemente en 1784, este período representó la emancipación del ser humano de su "autoimpuesta inmadurez". El lema "Sapere aude" ("Atrévete a saber") se convirtió en el grito de batalla de una época que buscaba liberar el pensamiento humano de las cadenas de la autoridad tradicional y el dogma religioso.

Este período marcó una transformación fundamental en la manera de entender el conocimiento y la naturaleza humana. La Ilustración propuso una revolución intelectual que buscaba sustituir dos pilares tradicionales de autoridad: la religión, representada por el sacerdote, y la tradición aristocrática, encarnada en la nobleza. En su lugar, se propuso el estudio sistemático de la naturaleza a través del método científico, iniciando así un proceso de secularización del pensamiento europeo que tendría profundas implicaciones para el desarrollo posterior de todas las ciencias, incluida la psicología.

La transformación propuesta por la Ilustración se manifestó en varios aspectos fundamentales:

1. La Primacía de la Razón:

Énfasis en el pensamiento crítico y racional.

Cuestionamiento de las autoridades tradicionales.

Valoración de la evidencia empírica sobre el dogma.

2. Secularización del Conocimiento:

Separación entre explicaciones religiosas y científicas.

Búsqueda de causas naturales para fenómenos psicológicos.

Desarrollo de metodologías basadas en la observación y experimentación.

3. Nuevo Concepto del Ser Humano:

Visión del individuo como ser racional y autónomo.

Énfasis en la capacidad de autodeterminación.

Reconocimiento del potencial humano para el progreso.

4. Transformación Social:

Cuestionamiento de jerarquías tradicionales.

Valoración del mérito individual sobre el privilegio heredado.

Democratización del conocimiento.

Este período sentó las bases para el desarrollo de la psicología moderna de varias maneras:

Metodológicas: Estableció la importancia del método científico en el estudio del comportamiento humano.

Conceptuales: Introdujo nuevas formas de entender la mente y la conducta

Institucionales: Promovió la creación de espacios académicos para el estudio sistemático de la psicología.

Sociales: Generó un contexto que permitía el cuestionamiento de ideas tradicionales sobre la naturaleza humana.

La observación de Kant de que su época no era una "época ilustrada" sino una "época de Ilustración" refleja la naturaleza continua de este proceso de transformación intelectual. El proyecto de la Ilustración no se completó en el siglo XVIII; más bien, estableció un ideal de pensamiento crítico y racional que continúa influyendo en la psicología contemporánea.

Las implicaciones de este movimiento para la psicología fueron profundas y duraderas:

El énfasis en la razón llevó al desarrollo de métodos sistemáticos de investigación psicológica.

La secularización permitió explicaciones naturales de fenómenos psicológicos antes atribuidos a causas sobrenaturales.

El individualismo promovió el estudio de las diferencias individuales.

La creencia en el progreso estimuló la investigación sobre el desarrollo y el aprendizaje humano.

La Ilustración estableció así los cimientos intelectuales sobre los cuales se construiría la psicología como disciplina científica, promoviendo una comprensión del ser humano basada en la razón, la evidencia y la investigación sistemática, principios que continúan siendo fundamentales en la psicología moderna.

La Psicología en la Modernidad y el Siglo XIX: El Nacimiento de una Ciencia

La transición de la psicología hacia una disciplina científica independiente marca un momento crucial en su historia. Durante el siglo XIX, la psicología comenzó a distanciarse progresivamente de sus raíces especulativas en la filosofía y la teología, orientándose hacia aplicaciones prácticas en medicina y pedagogía, adoptando simultáneamente metodologías propias de las ciencias naturales y sociales.

Figuras Pioneras y sus Contribuciones

En su obra revolucionaria "Psicología Empírica y Psicología Racional", publicada en 1730, el filósofo y matemático alemán Christian Wolff estableció una distinción metodológica crucial que marcaría el rumbo de la psicología como disciplina científica en los siglos venideros. Esta contribución seminal sentó las bases para el estudio sistemático de la mente y el comportamiento humano desde dos enfoques complementarios pero diferenciados.

La psicología empírica, según la concepción de Wolff, se centra en la observación y descripción de los fenómenos mentales tal como se presentan en la experiencia directa. Este enfoque se basa en la recopilación de datos a través de la introspección y el análisis de los procesos psicológicos observables, como la percepción, la memoria, las emociones y la conducta manifiesta. Wolff sostenía que la psicología empírica debía partir de la evidencia concreta y evitar especulaciones infundadas, sentando así las bases para el desarrollo de una psicología descriptiva y fenomenológica.

Por otro lado, la psicología racional, en la visión de Wolff, se ocupa de los principios abstractos y las leyes generales que subyacen a los fenómenos mentales. Este enfoque utiliza el razonamiento lógico y deductivo para derivar conclusiones sobre la naturaleza de la mente y sus operaciones, basándose en premisas filosóficas y conceptuales. La psicología racional busca explicar los mecanismos subyacentes de los procesos psicológicos y formular teorías generales sobre el funcionamiento de la mente humana.

La distinción establecida por Wolff entre psicología empírica y racional tuvo un impacto profundo en el desarrollo posterior de la disciplina. Por un lado, su énfasis en la observación y descripción sistemática de los fenómenos mentales allanó el camino para el surgimiento de la psicología experimental en el siglo XIX, con figuras como Wilhelm Wundt y William James, quienes aplicaron métodos científicos rigurosos al estudio de la mente. Por otro lado, la psicología racional sentó las bases para el desarrollo de teorías psicológicas más abstractas y especulativas, como el estructuralismo y el funcionalismo, que buscaban comprender los principios fundamentales de la cognición y el comportamiento.

La obra de Wolff también tuvo implicaciones más amplias para la filosofía de la mente y la epistemología. Su distinción entre psicología empírica y racional reflejaba la tensión entre el empirismo y el racionalismo, dos corrientes filosóficas influyentes de la época. Mientras que el empirismo enfatizaba la importancia de la experiencia sensorial como fuente de conocimiento, el racionalismo privilegiaba el razonamiento lógico y las ideas innatas. La síntesis de Wolff buscaba reconciliar estas perspectivas, reconociendo tanto el valor de la observación empírica como la necesidad de principios racionales en la comprensión de la mente.

Maine de Biran, filósofo francés, realizó importantes contribuciones al campo de la psicología con su obra "Ensayo sobre los fundamentos de la psicología" publicada en 1812. En este tratado, De Biran desarrolló ideas innovadoras que sentaron las bases para el estudio de la mente humana desde una perspectiva introspectiva y fenomenológica.

Uno de los aspectos clave del pensamiento de De Biran plasmado en este ensayo es su énfasis en la experiencia subjetiva como fuente primordial de conocimiento psicológico. Argumentó que para comprender verdaderamente la mente y la conciencia, es necesario partir del análisis de los estados internos y las vivencias inmediatas del individuo. Esta aproximación introspectiva marcó un giro significativo respecto a las corrientes predominantes de la época, que tendían a abordar la psicología desde un enfoque más especulativo y filosófico.

De Biran exploró en profundidad conceptos como el yo, la voluntad, la atención y la sensación, examinándolos a través del prisma de la experiencia personal. Sostuvo que la conciencia de uno mismo surge de la interacción dinámica entre el esfuerzo voluntario y la resistencia encontrada en el mundo exterior. Esta visión del yo como agente activo y autoconsciente sentó las bases para desarrollos posteriores en áreas como la psicología de la personalidad y la teoría de la identidad.

Además, su ensayo abordó la relación entre mente y cuerpo, un tema central en la filosofía y psicología de su tiempo. Propuso una concepción dualista matizada, reconociendo la estrecha interconexión entre los procesos mentales y físicos, pero afirmando al mismo tiempo la irreductibilidad de la experiencia consciente a meros mecanismos fisiológicos. Esta perspectiva influyó en debates posteriores sobre el problema mente-cuerpo y la naturaleza de lo mental.

La obra de De Biran tuvo un impacto duradero en el desarrollo de la psicología como disciplina independiente. Su énfasis en la introspección y la experiencia subjetiva allanó el camino para el surgimiento de corrientes como la fenomenología y la psicología humanista en el siglo XX. Asimismo, sus ideas sobre la voluntad y la agencia del yo anticiparon temas centrales en la psicología de la motivación y la teoría de la autoeficacia.

Su obra representó un hito en la historia del pensamiento psicológico. Al situar la experiencia subjetiva en el centro de la indagación psicológica y explorar conceptos clave como el yo, la voluntad y la relación mente-cuerpo, abrió nuevos horizontes para el estudio científico de la mente humana. Su legado intelectual continúa resonando en las discusiones y desarrollos de la psicología contemporánea.

Johann Friedrich Herbart realizó contribuciones fundamentales a la consolidación de la psicología como disciplina científica a través de sus obras seminales publicadas entre 1816 y 1840. En su "Libro de Psicología", "La psicología como ciencia" y "Exámenes Psicológicos", Herbart sentó bases sólidas para el estudio riguroso y sistemático de los fenómenos mentales, introduciendo enfoques innovadores que marcarían el rumbo de la disciplina en los años venideros.

Uno de los aportes más destacados de Herbart fue su propuesta de un modelo matemático de la mente. En un esfuerzo por comprender los procesos mentales de manera cuantitativa, aplicó principios matemáticos para modelar la dinámica de las ideas y representaciones en la conciencia. Este abordaje pionero sentó precedentes para el desarrollo de la psicología experimental y el uso de métodos cuantitativos en la investigación psicológica.

Además, Herbart desarrolló una teoría sobre cómo las ideas y percepciones interactúan en la mente, conocida como la teoría de las representaciones. Según esta teoría, las representaciones mentales compiten entre sí, algunas elevándose a la conciencia mientras otras son inhibidas. Esta concepción de la dinámica mental influyó en conceptos posteriores como la asociación de ideas y los procesos cognitivos, sentando las bases para el estudio de la cognición y el pensamiento.

Otro aspecto destacado del trabajo de Herbart fue su aplicación de principios psicológicos al campo de la educación. Como precursor de la psicología educativa, enfatizó la importancia de considerar las capacidades y etapas de desarrollo de los estudiantes en el proceso de enseñanza-aprendizaje. Sus ideas sobre instrucción efectiva y adaptada al alumno sentaron las bases para el desarrollo de estrategias educativas basadas en la comprensión del desarrollo cognitivo y emocional.

En "Exámenes Psicológicos", Herbart defendió enfáticamente el uso de métodos experimentales en psicología, abogando por la observación controlada, la medición precisa y el análisis cuantitativo de datos. Este énfasis metodológico fue crucial para impulsar el desarrollo de la psicología experimental como un campo de investigación riguroso y sistemático, alejándose de las especulaciones filosóficas y acercándose a los estándares científicos.

El impacto y legado de las obras de Herbart fueron profundos y duraderos en la trayectoria de la psicología como ciencia. Sus innovadores enfoques matemáticos y experimentales inspiraron a generaciones de investigadores a aplicar el rigor científico al estudio de la mente, sentando las bases para el desarrollo de métodos y teorías que han moldeado la disciplina hasta nuestros días. Asimismo, sus teorías sobre las representaciones mentales y la psicología educativa abrieron nuevos horizontes conceptuales y prácticos, influenciando áreas clave de la psicología moderna.

El Impacto del Positivismo

Auguste Comte, filósofo francés considerado uno de los padres de la sociología, introdujo el positivismo como una perspectiva filosófica que transformaría profundamente el pensamiento psicológico en el siglo XIX. Su enfoque se basaba en la valoración del conocimiento obtenido a través de la observación empírica y el método científico, rechazando sistemáticamente las explicaciones metafísicas y teológicas que predominaban en la época.

Comte sostenía que la introspección, ampliamente utilizada en la psicología de su tiempo, no constituía un método científico válido para estudiar la mente humana. En su lugar, abogaba por un enfoque basado en la observación objetiva y la recopilación de datos verificables. Esta postura crítica hacia la introspección sentó las bases para el desarrollo de una psicología más experimental y basada en evidencias.

Una de las contribuciones más destacadas de Comte fue el desarrollo de la ley de los tres estados, según la cual el conocimiento humano evoluciona a través de tres etapas: el estado teológico, el estado metafísico y el estado positivo. En el estado teológico, los fenómenos se explican mediante la intervención de entidades sobrenaturales. En el estado metafísico, se buscan explicaciones abstractas y especulativas. Finalmente, en el estado positivo, se privilegia la observación empírica y el descubrimiento de leyes naturales que gobiernan los fenómenos.

Comte ubicó la psicología en una posición intermedia entre la sociología y la biología, reconociendo su relación tanto con los fenómenos sociales como con los procesos biológicos subyacentes. Esta visión integrada de la psicología sentó las bases para el desarrollo de enfoques interdisciplinarios y la incorporación de perspectivas biológicas y sociales en el estudio de la mente y el comportamiento.

El impacto del positivismo de Comte en la psicología fue profundo y duradero. Su énfasis en la observación empírica y el método científico allanó el camino para el surgimiento de la psicología experimental y el desarrollo de técnicas de investigación rigurosas. Asimismo, su crítica a la introspección y su llamado a la objetividad impulsaron la búsqueda de medidas y métodos más confiables para estudiar los procesos mentales.

La Escuela Asociacionista

El asociacionismo representó una corriente fundamental en el desarrollo de la psicología científica, principalmente a través de las contribuciones de dos figuras destacadas: James Mill y su hijo John Stuart Mill.

James Mill desarrolló una perspectiva basada en el utilitarismo, una doctrina ética que sostiene que las decisiones morales, sociales y políticas deben fundamentarse en el principio de utilidad, es decir, en la maximización de la felicidad general como criterio para evaluar las acciones. Además, Mill propuso que los procesos mentales se forman mediante la asociación de ideas y experiencias, sentando así las bases para el estudio de la mente desde una óptica empirista.

Por su parte, John Stuart Mill expandió y enriqueció las ideas de su padre, introduciendo conceptos innovadores como la noción de "química mental" y el concepto de "inferencia inconsciente". Su visión del asociacionismo psicológico era más compleja, sosteniendo que la conciencia no es una simple suma de elementos discretos, sino el resultado de combinaciones elaboradas de impresiones y sensaciones que generan experiencias cualitativamente distintas. Esta perspectiva sentó las bases para una comprensión más sofisticada de los procesos mentales y su relación con la experiencia subjetiva.

La evolución del pensamiento asociacionista tuvo implicaciones profundas para el desarrollo de la psicología moderna. En primer lugar, subrayó la importancia del método científico en la investigación psicológica, privilegiando la observación sistemática, la recolección de datos empíricos y la formulación de teorías contrastables. Este énfasis en el rigor metodológico continúa siendo un pilar fundamental de la disciplina en la actualidad.

Asimismo, el asociacionismo destacó la necesidad de evidencia empírica para validar las teorías psicológicas, alejándose de las especulaciones filosóficas y acercándose a un enfoque basado en hechos observables. Este principio sigue vigente en la psicología contemporánea, donde la contrastación experimental y la replicabilidad son criterios esenciales para evaluar la solidez de las proposiciones teóricas.

Otro legado importante del asociacionismo es el reconocimiento de la complejidad de los procesos mentales. Al concebir la mente como el resultado de interacciones dinámicas entre elementos básicos, esta corriente allanó el camino para el estudio de fenómenos psicológicos complejos, como la percepción, la memoria, el pensamiento y las emociones, desde una perspectiva más integradora y multidimensional.

Por último, el asociacionismo destacó la relevancia de las aplicaciones prácticas de la psicología en campos como la educación y la medicina. Al entender los principios que rigen el aprendizaje y la formación de hábitos, los asociacionistas sentaron las bases para el desarrollo de estrategias educativas más efectivas. Asimismo, su énfasis en la relación entre los procesos mentales y la conducta abrió la puerta para la aplicación de la psicología en el tratamiento de trastornos y la promoción de la salud mental.

Se puede afirmar que, el asociacionismo representó un momento crucial en la historia de la psicología, marcando la transición desde una disciplina especulativa hacia una ciencia empírica con metodologías propias y aplicaciones prácticas definidas. Las contribuciones de James Mill y John Stuart Mill sentaron las bases conceptuales y metodológicas para el desarrollo de la psicología moderna, enfatizando la importancia del método científico, la evidencia empírica, la complejidad de los procesos mentales y la relevancia de las aplicaciones prácticas. Este legado continúa influyendo en la manera en que comprendemos y estudiamos los fenómenos psicológicos en la actualidad, definiendo a la psicología como una disciplina rigurosa, basada en evidencias y orientada a la mejora del bienestar humano.

Wilhelm Wundt y el Nacimiento de la Psicología Experimental

Wilhelm Wundt representa un punto de inflexión crucial en la historia de la psicología, transformando una disciplina tradicionalmente filosófica en una ciencia experimental rigurosa. Su obra "Principios de psicología fisiológica", publicada inicialmente en 1873-1874, se considera el primer libro de texto de psicología experimental, marcando el establecimiento de la psicología como una disciplina científica independiente.

El Laboratorio de Leipzig: Cuna de la Psicología Científica

El desarrollo del laboratorio de Leipzig ilustra la evolución de la psicología como ciencia experimental. Comenzando modestamente en una bodega universitaria en 1876, el laboratorio creció hasta convertirse en el prestigioso Instituto para la Psicología Experimental. La negociación estratégica de Wundt con la Universidad de Leipzig en 1883, motivada por una oferta de la Universidad de Breslavia, resultó en mejores condiciones y recursos para su investigación. El laboratorio culminó su desarrollo en 1897 con instalaciones especialmente diseñadas, simbolizando la consolidación de la psicología como disciplina científica independiente.

Contribución Metodológica

La aproximación de Wundt a la psicología experimental se caracterizó por:

El énfasis en el estudio de la experiencia inmediata.

Control riguroso de las condiciones experimentales.

Replicación sistemática de resultados.

Entrenamiento específico de observadores experimentales.

Distinción entre experiencia mediata e inmediata.

Este recorrido histórico desde los orígenes filosóficos de la psicología hasta su establecimiento como ciencia experimental nos permite apreciar la evolución del pensamiento psicológico y su metodología. Hemos sido testigos de una transformación fundamental: desde las especulaciones filosóficas de la antigua Grecia, pasando por las contribuciones del pensamiento medieval, el impacto de la revolución científica, la influencia de la Ilustración, hasta llegar al establecimiento de la psicología experimental con Wundt.

Este viaje histórico nos ayuda a comprender mejor los fundamentos de la psicología moderna y su desarrollo como disciplina científica. Los capítulos siguientes explorarán cómo estos cimientos históricos han dado forma a la psicología contemporánea, abordando temas cruciales como los procesos cognitivos, el comportamiento, la personalidad, y las aplicaciones prácticas de la psicología en diversos ámbitos de la vida moderna.

La psicología continúa evolucionando, incorporando nuevas tecnologías y metodologías, pero mantiene su compromiso con la comprensión científica del comportamiento y los procesos mentales humanos. Los invitamos a continuar este fascinante viaje en los próximos capítulos, donde exploraremos los desarrollos contemporáneos y las perspectivas futuras de esta disciplina en constante evolución.

Este capítulo no es solo una mirada al pasado, sino una base fundamental para comprender los desarrollos actuales y futuros de la psicología. Los siguientes capítulos nos permitirán profundizar en las teorías contemporáneas, métodos de investigación y aplicaciones prácticas que caracterizan a la psicología moderna, siempre construyendo sobre los cimientos históricos que hemos explorado.

CAPÍTULO 3

Bases Biológicas de la Conducta

Introducción a las Bases Neurales

La Neurona

Sistemas de Neurotransmisores

Comunicación en nuestro cerebro

El Cerebro y sus Funciones

La Corteza Cerebral

El Sistema Límbico y los Sistemas Reguladores del Organismo

Introducción a las Base Neurales

¿Dónde está ubicado el pensamiento? ¿De dónde surgen nuestras emociones, la toma de decisiones, nuestras pasiones, nuestros dolores y todo lo demás?

La respuesta a todas interrogantes es **"el cerebro"**, una de las estructuras más complejas del universo conocido. El cerebro, a pesar de su apariencia poco apetecible, es la estructura más compleja conocida en el universo. Alberga nuestros pensamientos, emociones, decisiones, pasiones y sensaciones. Sorprende que este trozo de carne gris y rojiza sea la fuente de nuestra vida mental y conciencia (Kandel et al., 2013; Bear et al., 2016). Es sorprendente que la fuente de nuestra vida mental y de nuestra conciencia sea carne. Esto hace más difícil la cuestión de cómo este trozo de carne puede ser el origen de la vida mental.

Antes de desarrollar el tema debemos iniciar por los componentes relevantes y a la vez más pequeños, las diferentes partes de las neuronas. Luego estudiaremos cómo se relacionan entre ellas, cómo están conectadas, cómo forman las diversas partes del cerebro, como el hipotálamo y el lóbulo frontal. Finalmente, hablaremos del cerebro desde una perspectiva más amplia, observando los dos hemisferios, izquierdo y derecho y su interacción.

La Neurona

Hay muchas cosas en el cerebro, componentes químicos y diferentes partes, pero donde ocurre la acción, donde se realiza el pensamiento, el foco de la mayoría de las

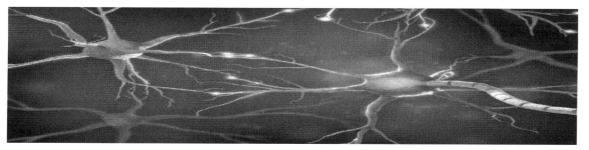

investigaciones, son las neuronas. No es casualidad que el estudio de la base biológica del pensamiento se llame neurociencia, porque todo nace en las neuronas.

En la imagen anterior podemos observar las neuronas en interacción, y un esquema de una neurona típica. Se ven las dendritas, recibiendo señales de otras neuronas de excitación (positivas) o de inhibición (negativas). Estas señales llegan al cuerpo celular, donde se procesan esos impulsos positivos y negativos. Cuando se llega a un cierto nivel de impulsos positivos hay un disparo neuronal a través del axón, que es más largo que las dendritas.

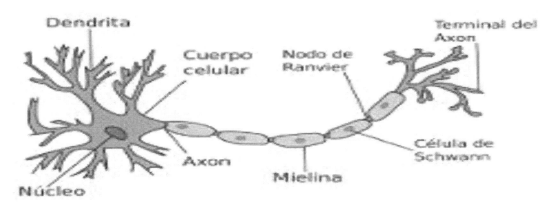

En algunas neuronas motoras los axones son muy largos. Hay axones que discurren desde la médula espinal hasta el dedo gordo del pie. En términos relativos de tamaño podría pensarse en una pelota de baloncesto, y una manguera de 40 millas. El axón está recubierto por la vaina de mielina. que tiene una función de aislamiento como tejido graso, análogo al aislante de un cable. La información entra a través de las dendritas, se procesa en el cuerpo celular, y se transmite a través del axón. La función de las neuronas es procesar y transmitir información. Sabemos que hay muchas, unos 100 mil millones según algunas estimaciones. Las estimaciones son muy diversas y aproximadas, pero hay miles de millones y cada una se conecta a otros miles, probablemente decenas de miles de neuronas. Ese grado de complejidad y de organización, que no puede reproducirse en una máquina, porque son números demasiado grandes, hace que se considere al cerebro como la máquina más sofisticada del universo, lo cual es adecuado porque, aunque está hecho de carne, lo cual es decepcionante, muestra su increíble estructura interna.

Las neuronas se dividen en tres categorías: las neuronas sensoriales que reciben información del entorno, del mundo exterior; las motoras, que conectan al cerebro con el control motor. Si se toca algo que quema, y duele, es debido a las neuronas sensoriales. Si retiras la mano del objeto o buscas algo, intervienen neuronas motoras. Finalmente están las interneuronas, que conectan neuronas sin contacto con el mundo exterior, tanto sensoriales como motoras. Lo más destacable del disparo neuronal es que es un proceso de "todo o nada". Es como el disparo de un arma o un estornudo, las neuronas se activan o no. Puede sonar extraño, especialmente si hablamos de neuronas sensoriales, porque la experiencia parece ser continua. Tienes neuronas sensoriales en los ojos y puedes distinguir desde una luz muy tenue hasta una muy brillante. Tienes neuronas sensoriales en los dedos y puedes distinguir entre tocar suavemente algo o que te pinchen en la punta del dedo. Aunque las neuronas funcionan en modo "todo o nada" la manera de captar esa continuidad de la experiencia es que la intensidad puede codificarse de varias formas. Una es el número de neuronas que disparan: Si "x" neuronas corresponden a una experiencia leve, diez veces más a una experiencia intensa.

Otro factor es la frecuencia de impulso: una neurona podría generar una sensación leve disparando a un cierto ritmo y una intensa disparando a mayor velocidad. Tenemos neuronas que se comunican entre ellas porque el axón de una neurona se comunica con las dendritas de otra.

Sistemas de Neurotransmisores

Hace tiempo se pensaba que las neuronas se interconectaban como un ordenador; pero en realidad las neuronas no están en contacto físico, hay un espacio entre el axón de una neurona, y la dendrita de otra. Es un espacio muy pequeño, de unos 20 nanómetros de ancho, que se conoce como hendidura sináptica. Cuando una neurona dispara el axón libera neurotransmisores, que son sustancias químicas que se liberan en esa hendidura afectando a las dendritas de otras neuronas. El efecto de esos neurotransmisores puede ser de excitación aumentando la energía y la probabilidad de disparo neuronal, o de inhibición, disminuyendo esa probabilidad.

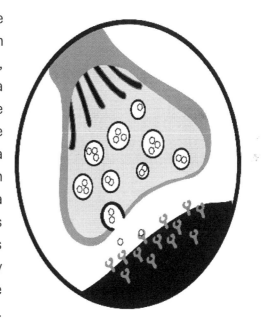

Diferentes neuronas liberan diferentes neurotransmisores que producen efectos diversos en las neuronas conectadas.

Los neurotransmisores son sustancias químicas que transmiten señales entre las neuronas y desempeñan un papel fundamental en la regulación de diversas funciones cerebrales y corporales. A continuación, se presenta una descripción detallada de los neurotransmisores más importantes y sus efectos principales:

Serotonina: La serotonina es un neurotransmisor monoaminérgico que se sintetiza a partir del aminoácido triptófano. Está implicada en la regulación del estado de ánimo, el sueño, el apetito y el dolor. Niveles adecuados de serotonina se asocian con sensaciones de bienestar y estabilidad emocional, mientras que un déficit puede contribuir a trastornos como la depresión, la ansiedad y los desórdenes alimentarios. Además, la serotonina participa en la regulación de la temperatura corporal, la función cardiovascular y la motilidad gastrointestinal.

Dopamina: La dopamina es otro neurotransmisor monoaminérgico sintetizado a partir del aminoácido tirosina. Desempeña un papel clave en el sistema de recompensa cerebral, la motivación, el placer y la coordinación motora. La liberación de dopamina se asocia con experiencias gratificantes y reforzantes, como la ingesta de alimentos sabrosos o el consumo de drogas adictivas. Un desequilibrio en los niveles de dopamina se relaciona con trastornos como la enfermedad de Parkinson, caracterizada por una deficiencia de este neurotransmisor que resulta en dificultades motoras, y la esquizofrenia, donde un exceso de dopamina puede contribuir a síntomas psicóticos.

Noradrenalina: La noradrenalina, también conocida como norepinefrina, es un neurotransmisor y una hormona sintetizada a partir de la dopamina. Está involucrada en la respuesta al estrés, la regulación de la atención, la vigilia y la activación del sistema nervioso simpático. La noradrenalina aumenta la frecuencia cardíaca, la presión arterial y la liberación de glucosa, preparando al organismo para situaciones de "lucha o huida". Además, participa en la formación de memorias emocionales y en la modulación del estado de ánimo. Desequilibrios en los niveles de noradrenalina se han relacionado con trastornos de ansiedad y el trastorno por déficit de atención e hiperactividad (TDAH).

Acetilcolina: La acetilcolina es el principal neurotransmisor del sistema nervioso parasimpático y es esencial para la función muscular y la transmisión de señales en las uniones neuromusculares. Está involucrada en procesos cognitivos como el aprendizaje, la memoria y la atención. Un déficit de acetilcolina se asocia con la enfermedad de Alzheimer, caracterizada por un deterioro progresivo de las funciones cognitivas. Además, la acetilcolina regula la frecuencia cardíaca, la secreción glandular y la motilidad gastrointestinal.

GABA (ácido gamma-aminobutírico): El GABA es el principal neurotransmisor inhibitorio del sistema nervioso central. Su función principal es reducir la excitabilidad neuronal y promover la relajación y la calma. Niveles adecuados de GABA se asocian con una disminución de la ansiedad, el estrés y la actividad convulsiva. Los fármacos que potencian la acción del GABA, como las benzodiacepinas, se utilizan en el tratamiento de trastornos de ansiedad y epilepsia.

Glutamato: El glutamato es el principal neurotransmisor excitatorio del sistema nervioso central. Está involucrado en la plasticidad sináptica, el aprendizaje y la memoria. Una actividad excesiva del glutamato puede provocar excitotoxicidad, lo que se relaciona con trastornos neurodegenerativos como la enfermedad de Alzheimer y la enfermedad de Parkinson. Además, el glutamato participa en la transmisión sensorial, incluyendo la percepción del dolor.

Endorfinas: Las endorfinas son neurotransmisores opioides endógenos que actúan como analgésicos naturales y promueven sensaciones de bienestar y euforia. Se liberan en respuesta al estrés, el ejercicio y el dolor, y se unen a los receptores opioides en el cerebro y la médula espinal, modulando la percepción del dolor y produciendo efectos similares a los de los opioides exógenos, como la morfina. Las endorfinas también están involucradas en la regulación del estado de ánimo, la respuesta al estrés y la función inmunológica.

Estos son solo algunos de los neurotransmisores más importantes y sus efectos principales. Es importante destacar que los neurotransmisores no actúan de forma aislada, sino que interactúan entre sí y con otros sistemas de señalización en el cerebro para regular una amplia gama de funciones fisiológicas y cognitivas. La comprensión de los neurotransmisores y sus roles en el funcionamiento cerebral es fundamental para el desarrollo de tratamientos farmacológicos y terapéuticos para diversos trastornos neurológicos y psiquiátricos.

La psicofarmacología busca en gran medida curar enfermedades psicológicas o físicas con medicamentos, y la psicofarmacología recreativa está diseñada para aumentar el placer para ayudar a la gente a trabajar o facilitar la concentración. Funciona mediante la manipulación con neurotransmisores, que pueden ser antagonistas que reducen la intensidad fijándose en las dendritas y dificultando la creación de más neurotransmisores, o pueden aumentar la cantidad de neurotransmisores de varias formas: son los agonistas. O sea, funcionan subiendo o bajando el volumen.

Por ejemplo, el curare, que es una droga que usan los indios sudamericanos. Es un antagonista que bloquea las neuronas motoras e impide que actúen sobre las fibras musculares. Impide la acción de las neuronas motoras produciendo parálisis y es letal en grandes dosis porque las neuronas motoras mantienen el latido del corazón. Su parada provoca la muerte. El alcohol también tiene un efecto inhibidor. Puede sonar raro, porque beber nos produce emoción, felicidad y desinhibición. Pero hay que tener en cuenta que el alcohol funciona inhibiendo la parte del cerebro que genera la inhibición. Una parte del cerebro dice que no le digas eso a esa persona o que no te quites los pantalones, o que no grites, y el alcohol inhibe esa parte del cerebro, lo que nos produce euforia. En el curso de las cosas, el hecho de beber demasiado también inhibe otras partes del cerebro. Podrías desmayarte y caer al suelo y, en dosis extremas, morir. Tanto el curare como el alcohol inhiben, de diferentes maneras.

Otras drogas excitan. Las anfetaminas, por ejemplo, aumentan la cantidad de norepinefrina, que es otro neurotransmisor, responsable de la excitación en general. Así funcionan drogas como "speed" o cocaína. Otros medicamentos como Prozac o L-DOPA influyen en los neurotransmisores aumentando, el suministro de dopamina o serotonina, lo que podría ser relevante para la enfermedad de Parkinson, que parece relacionada con niveles bajos de dopamina, y la depresión, relacionada con niveles bajos de serotonina. Estas drogas funcionan afectando a los neurotransmisores, ya sea liberando más cantidad, aumentando el flujo de diferentes maneras, o evitando su efecto absorbiéndolos de diferentes modos; su función está vinculada al efecto sobre los neurotransmisores.

La idea más general es que las neuronas originan el pensamiento formando agrupaciones o redes, que son redes computacionales que permiten reconocer rostros, caminar derecho, entender frases, hacer cálculos experimentar una gran tristeza, enamorarnos, etc. Sabemos que eso es posible porque creamos ordenadores que trabajan de una cierta manera. Un ordenador de cierta complejidad puede calcular, jugar al ajedrez, simular un vuelo, etc.

Quizá resulte interesante el proyecto de neurociencia computacional que intenta dilucidar cómo se conectan las neuronas para hacer su función utilizando la teoría computacional como modelo. A veces en sentido contrario, observando cómo lo hace la gente y utilizando ese conocimiento para crear sistemas informáticos que replican ese modo de actuar.

Comunicación en Nuestro Cerebro

¿Cómo está conectado el cerebro? Podríamos imaginarlo conectado del mismo modo que un ordenador, una portátil o un celular. En cierta medida es así, pero hay dos razones por las que no puede serlo. Ambas tienen relación con lo bien que trabaja el cerebro.

En primer lugar, el cerebro es muy resistente al daño. Si tomas un cuchillo y dañas una parte del cerebro, no colapsará todo el sistema. La información y recursos están distribuidos a través de las neuronas de forma que las hace muy resistentes. Por el contrario, si alguien abre tu portátil y saca el procesador, el conjunto se avería y deja de funcionar. El cerebro está conectado de un modo que lo hace muy resistente.

En segundo lugar, está conecta de forma tal que funciona muy rápido. Los ordenadores procesan millones de operaciones por segundo, porque son puramente electrónicas. El tejido cerebral es más lento y emplearía mucho tiempo para realizar muchos pasos. Dicho de otra manera, si el cerebro estuviese conectado como un ordenador, sería tan lento, que no sería operativo. Tiene que estar conectado de una manera más eficiente, compatible con la lentitud de los tejidos cerebrales y los neurotransmisores y que permita el procesamiento a nivel humano, que es extremadamente rápido. Esto ha generado un gran interés en sistemas paralelos y complicadas redes neuronales conectadas como creemos que lo está el cerebro. Así ayudamos a los ordenadores a hacer cosas que antes no podían, basados en nuestro conocimiento del cerebro.

Cuando hablemos sobre el aprendizaje de un idioma, o el reconocimiento de caras, no lo haremos sobre las neuronas en particular sino sobre las diversas áreas del cerebro y su funcionamiento. Vamos a suponer que todo lo que explicaremos de manera funcional puede reducirse a grandes redes de sistemas neuronales que, a su vez, se reducen en última instancia a los comportamientos específicos de las neuronas que estudiamos.

El Cerebro y sus Funciones

Cada parte de nuestro cerebro tienen funciones que cumplen distintos fines, hacen cosas diferentes, por lo que los daños en sitios diferentes tienen efectos diferentes. Por eso, al observar una resonancia magnética funcional (fMRI), una tomografía (PET) o cualquier registro de la actividad neuronal, se puede descifrar qué sucede en base a su localización. Siendo más precisos, nos referimos al cerebro y partes de la médula espinal. No necesitamos el cerebro para todo. Hay ciertas actividades en las que no interviene, como la succión de un bebé, retirar la mano ante el dolor o vomitar. Pero, en todo lo demás que vamos a tratar en este capítulo, hablaremos del cerebro.

Algunas estructuras importantes del cerebro, denominadas subcorticales, están debajo de la corteza, es decir, en el centro del cerebro. Incluyen partes del cerebro como la médula, que controla funciones automáticas como el latido cardíaco, la presión arterial, tragar, etc. Incluyen el cerebelo, con funciones de equilibrio corporal y coordinación muscular, que contiene unos 30 mil millones de neuronas, que no es poco; El hipotálamo, que participa en el hambre, el sexo, la sed y otros apetitos.

Cuando hablemos de emociones o deseos viscerales, volveremos a esas partes del cerebro.

La Corteza Cerebral

Para los aspectos de nuestra psicología específica, la que nos diferencia como humanos, nos centraremos en la capa externa, la corteza cerebral, que está completamente plegada. Si tomáramos un cerebro, extrajéramos la corteza y la extendiéramos, como si fuera la alfombrilla que llevamos en el maletero del carro, tendría una

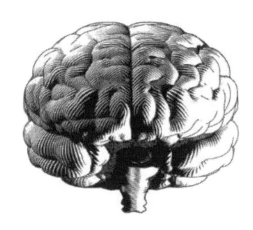

superficie de unos 45 x 45 cm. Por eso está muy plegada en el interior del cráneo. Tiene un grosor de unos tres milímetros. Ahí es donde reside la actividad, al menos la que nos interesa ahí es donde tiene lugar. Es el área del razonamiento, el lenguaje y la percepción compleja.

Los peces no tienen corteza cerebral, los reptiles y las aves un poco, y los primates, incluyendo los humanos, tienen mucha corteza cerebral. Si la observamos se diferencian dos mitades: el hemisferio izquierdo y el derecho. Observando esas dos mitades, se distinguen en la corteza cerebral diferentes lóbulos. Desde la frente hacia atrás tenemos primero el lóbulo frontal, situado en la frente; el lóbulo parietal, el lóbulo occipital y el lóbulo temporal. Cada uno de estos lóbulos, tiene particularidades, que serán abordadas más adelante.

Otro aspecto muy interesante de la corteza es que incluye mapas, que son localizaciones topográficas donde lo que está cerca en el cerebro también lo está en el cuerpo. Hay un área motora que si ha de activarse hay partes del cerebro y partes del cuerpo que se activan en consecuencia. Como todos sabemos, el dedo medio está cerca del pulgar, que a su vez está más cerca del codo. Si están cerca en tu cuerpo también lo están en tu cerebro en un área somatosensorial primaria, que es el órgano de los sentidos. Si a alguien, en la mesa de operaciones, le estimulas esa área, experimentará cosas tales como un sonido, un destello de luz o un impacto. En el lóbulo occipital, hay un mapa para la visión y en el lóbulo temporal otro para el sonido.

Lo genial es que ese mapa es topográfico, pero el tamaño de las áreas del cerebro no corresponde a las del cuerpo sino más bien a su función sensorial o motora. Se han dibujado imágenes artísticas de personas con el cuerpo proporcional a las áreas en el cerebro. Se ve que el tronco del cuerpo es relativamente pequeño, pero las manos son enormes y la cara también porque en ellas residen muchas sensaciones. Hay mucha más sensación en la mano que en toda la espalda, aunque esté separada.

Parte de la corteza tiene estas áreas espaciales, pero es menos de una cuarta parte. El resto participa en cosas importantes como el lenguaje, el razonamiento y los pensamientos morales. Surge la pregunta de cómo lo sabemos, cómo sabemos las funciones de las distintas partes del cerebro, cuáles están involucradas y por qué. Hay diversas respuestas. La primera es que podemos escanear el cerebro. Utilizamos resonancia magnética, un campo magnético de alta frecuencia, para observar la actividad cerebral, qué partes están activas al hacer cosas diversas.

También tenemos los llamados experimentos naturales, que son tumores, derrames cerebrales o accidentes de moto que dañan parte del cerebro y podemos preguntarnos qué daño a una cierta parte del cerebro corresponde a las funciones afectadas.

A través de esos diferentes métodos hemos aprendido sobre las partes del cerebro y sus funciones y podemos hablar sobre algunos trastornos específicos debidos a un daño cerebral, derrame o trauma. Por ejemplo, la apraxia, que es la incapacidad de realizar acciones tales como despedirse con la mano o usar el tenedor para llevar comida a la boca. No estás paralizado, puedes hacer los movimientos si es necesario, pero no coordinar movimientos básicos en acciones complejas. También está la agnosia, que es un trastorno de la percepción. No es que no puedas ver, pero no puedes reconocer lo que ves. Algunos la denominan ceguera psíquica. Las personas con agnosia pueden describir las partes de una imagen, pero no pueden reconocer los objetos representados. Es una forma de agnosia visual.

También está la prosopagnosia específica, que impide reconocer caras. Oliver Sacks escribió hace años un libro maravilloso titulado "El hombre que confundió a su mujer con un sombrero" planteando casos de personas con trastornos neurológicos inusuales. El caso del título del libro se trataba de un hombre incapaz de reconocer rostros. No podía distinguir la cara de su esposa de un sombrero. Formas más leves de prosopagnosia que padecen algunas personas consisten en reconocer los rostros como tales, pero sin distinguir de quién se trata. Les resulta muy difícil reconocer a las personas.

Existen problemas como el síndrome de inatención que son trastornos que bloquean una parte del mundo. Puede haber daños en partes del cerebro que bloquean el lado izquierdo del mundo. No es solo algo físico: por ejemplo, si le pides a alguien con ese trastorno que dibuje un reloj, pondrá los 12 números en el lado derecho del reloj. Es como si no pensara en el lado izquierdo del mundo. Tal vez el problema ni siquiera es sensorial, sino de atención.

Hay afasias, que son trastornos del lenguaje, algunas de las cuales son expresivas como la afasia de Broca, que imposibilita el habla. Fue famoso el caso de una persona que sólo podía usar la palabra "tan" (bronceado), decía "tan", "tan","tan", pero no podía decir nada más. También está la afasia receptiva en la que una persona puede hablar, pero lo que dice no tiene sentido y le cuesta muchísimo entender a los demás (18).

Hay muchos otros trastornos. como el famoso caso de Phineas Gage quien fue un capataz ferroviario del siglo XIX que sufrió un accidente laboral en 1848. Mientras compactaba un barreno con una barra de hierro, la pólvora explotó prematuramente y la barra atravesó su mejilla izquierda, pasó detrás de su ojo izquierdo, atravesó la parte frontal de su cerebro y salió por la parte superior de su cabeza, aterrizando a varios metros de distancia.

Sorprendentemente, sobrevivió al accidente y se recuperó físicamente en gran medida. Sin embargo, según los informes de sus conocidos y del médico que lo trató, John Martyn Harlow, su personalidad y comportamiento cambiaron drásticamente después de la lesión.

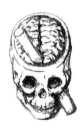

Antes del accidente, era descrito como un hombre responsable, capaz y socialmente adaptado. Después de la lesión, se volvió impulsivo, irreverente, propenso a usar un lenguaje vulgar y mostró poco respeto por las convenciones sociales. Tenía dificultades para tomar decisiones y no parecía aprender de sus errores. Sus amigos decían que "ya no era Gage".

El caso fue uno de los primeros en sugerir que diferentes partes del cerebro están relacionadas con aspectos específicos de la personalidad y el comportamiento. La lesión afectó principalmente a sus lóbulos frontales, que ahora sabemos que están involucrados en funciones ejecutivas como la planificación, la toma de decisiones, el control de los impulsos y la conducta social apropiada.

Sin embargo, es importante tener en cuenta que gran parte de la información sobre los cambios de personalidad de Gage proviene de relatos anecdóticos y retrospectivos, algunos de los cuales pueden haber sido exagerados o distorsionados con el tiempo. Además, no tenemos datos neuropsicológicos o de neuroimagen del cerebro de Gage que nos permitan determinar con precisión la ubicación y extensión de su lesión.

A pesar de estas limitaciones, el caso de Phineas sigue siendo un hito en la historia de la neurociencia y un ejemplo fascinante de cómo una lesión cerebral puede afectar profundamente la personalidad y el comportamiento de un individuo.

Hablaremos de todo eso a lo largo de este libro, pero la moraleja es que: a) la función tiene localización, en cierto sentido corresponde a diferentes áreas del cerebro; b) es otro argumento contra el dualismo (cuerpo y mente separados). Lo vemos en cualquiera que defienda que la mente no es el cerebro y a quien le costaría explicar por qué el daño cerebral parece afectar aspectos muy íntimos e importantes de nosotros mismos.

El Sistema Límbico y los Sistemas Reguladores del Organismo

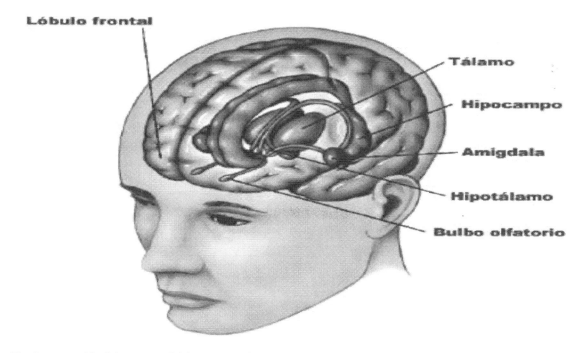

El sistema límbico, también conocido como el "cerebro emocional", constituye una red compleja de estructuras cerebrales que desempeña un papel fundamental en nuestras emociones, comportamientos y procesos de memoria. Este sistema, que evolucionó tempranamente en la historia de los mamíferos, representa una interfaz crucial entre las funciones cognitivas superiores y las respuestas fisiológicas básicas del organismo. Como señalan LeDoux y Pine (2016), "el sistema límbico es fundamental para la integración de las emociones con otros procesos cognitivos y conductuales, actuando como un puente entre la cognición y la emoción" (p. 1083).

En el corazón del sistema límbico encontramos la amígdala, una estructura con forma de almendra que actúa como un centinela emocional. La amígdala evalúa rápidamente los estímulos ambientales en busca de posibles amenazas y coordina las respuestas emocionales apropiadas. Según Davidson et al. (2019), "la amígdala no solo procesa el miedo, sino que participa en un amplio espectro de procesos emocionales, incluyendo la evaluación de la relevancia emocional de los estímulos y la modulación de la atención" (p. 45). Es particularmente importante en el procesamiento del miedo y la ansiedad, como demuestran numerosos estudios donde lesiones en la amígdala resultan en una incapacidad para reconocer expresiones faciales de miedo o para desarrollar respuestas condicionadas de temor. En el contexto psicológico, la amígdala es crucial para entender trastornos de ansiedad, fobias y trastorno de estrés postraumático.

Junto a la amígdala, el hipocampo juega un papel esencial en la formación y consolidación de nuevos recuerdos. Esta estructura en forma de caballito de mar no solo participa en la memoria episódica (recuerdos de eventos específicos), sino que también contribuye a la navegación espacial y el aprendizaje contextual. El caso del paciente H.M., quien perdió la capacidad de formar nuevos recuerdos después de la extirpación bilateral de sus hipocampos, ilustra dramáticamente la importancia de esta estructura para la memoria declarativa.

El sistema nervioso periférico (SNP) extiende el control del sistema nervioso central hacia todo el cuerpo, dividiéndose en dos grandes subsistemas: el sistema nervioso autónomo (SNA) y el sistema nervioso somático (SNS). El sistema nervioso autónomo, que opera largamente fuera de nuestro control consciente, se subdivide a su vez en el sistema simpático ("lucha o huida") y el parasimpático ("descanso y digestión"). Esta dualidad permite una regulación precisa de las funciones corporales: mientras el sistema simpático nos prepara para la acción en situaciones de estrés, el parasimpático promueve la conservación de energía y la recuperación.

Los estudios recientes sobre el sistema nervioso autónomo han revelado una complejidad mayor de la que se pensaba anteriormente. Como explican Porges y Dana (2018), "el sistema nervioso autónomo no solo regula las respuestas de lucha o huida, sino que también juega un papel crucial en la conexión social y la regulación emocional a través del sistema vagal ventral" (p. 127).

El sistema nervioso somático, por su parte, controla los movimientos voluntarios a través de la inervación de los músculos esqueléticos. Esta división del SNP es fundamental para nuestra capacidad de interactuar conscientemente con el entorno y ejecutar comportamientos complejos.

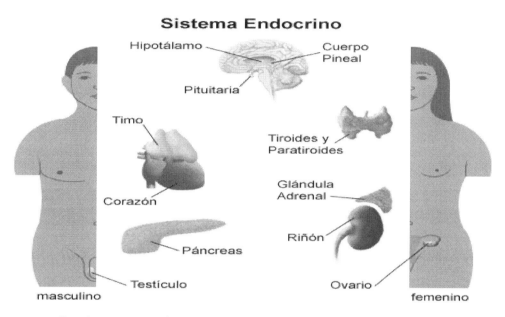

Íntimamente ligado a estos sistemas nerviosos, encontramos el sistema endocrino, una red de glándulas que secretan hormonas directamente al torrente sanguíneo. La glándula tiroides, situada en el cuello, regula el metabolismo basal y tiene una influencia significativa en el estado de ánimo y el desarrollo cognitivo. Las alteraciones en su funcionamiento pueden manifestarse en síntomas psicológicos como depresión o ansiedad.

Las glándulas paratiroides, aunque pequeñas, son cruciales para el metabolismo del calcio, mientras que la glándula pineal, productora de melatonina, regula nuestros ritmos circadianos. El páncreas, además de su papel en la digestión, produce hormonas vitales como la insulina y el glucagón, que regulan los niveles de glucosa en sangre, afectando indirectamente el funcionamiento cerebral y el estado de ánimo.

La hipófisis o glándula pituitaria, considerada la "glándula maestra", coordina la actividad de otras glándulas endocrinas a través de sus hormonas. Esta glándula, del tamaño de un guisante, influye en procesos tan diversos como el crecimiento, la reproducción y la respuesta al estrés. Su conexión con el hipotálamo forma el eje hipotalámico-hipofisario, un sistema fundamental en la regulación del estrés y las respuestas emocionales.

La importancia del sistema endocrino para la psicología no puede subestimarse. Las hormonas influyen directamente en el comportamiento, el estado de ánimo y los procesos cognitivos. Sapolsky (2017) destaca que "el impacto de las hormonas en el cerebro va mucho más allá de los efectos inmediatos sobre el comportamiento; pueden producir cambios duraderos en la estructura cerebral y la función neural que persisten mucho después de que los niveles hormonales hayan vuelto a la normalidad" (p. 234). Por ejemplo, los desequilibrios hormonales pueden contribuir al desarrollo de trastornos del estado de ánimo, alteraciones del sueño y dificultades de concentración. El cortisol, conocido como la "hormona del estrés", ejemplifica esta interacción: niveles crónicamente elevados pueden afectar la memoria, el aprendizaje y la regulación emocional.

La comprensión integrada de estos sistemas - límbico, nervioso periférico y endocrino - es fundamental para la psicología moderna. Nos permite entender cómo los procesos biológicos subyacen a la experiencia psicológica y cómo las intervenciones psicológicas pueden influir en el funcionamiento fisiológico. Esta perspectiva biopsicosocial enriquece nuestra comprensión de la conducta humana y mejora nuestra capacidad para desarrollar intervenciones terapéuticas efectivas.

CAPÍTULO 4

Procesos Psicológicos Básicos

Sensación y Percepción

Atención y Memoria

Aprendizaje

Cognición y Lenguaje

Toma de Decisiones

Motivación y Emoción

Los procesos psicológicos básicos son funciones mentales fundamentales que nos permiten percibir, atender, memorizar y aprender de nuestro entorno. Estos procesos incluyen la sensación, la percepción, la atención, la memoria y el aprendizaje. Cada uno de estos procesos juega un papel crucial en cómo experimentamos y nos adaptamos al mundo que nos rodea.

Sensación y Percepción

La sensación se refiere a la experiencia inmediata de los estímulos sensoriales, como la luz, el sonido, el olor y el tacto. Nuestros órganos sensoriales (ojos, oídos, nariz, piel y papilas gustativas) reciben estos estímulos y los convierten en señales nerviosas que se envían al cerebro para su procesamiento. Para que una sensación sea consciente, la intensidad del estímulo debe superar un umbral mínimo, conocido como umbral absoluto.

Por otro lado, la percepción es el proceso por el cual organizamos e interpretamos la información sensorial para darle significado. Nuestra percepción no siempre refleja fielmente la realidad objetiva, ya que está influenciada por factores como nuestras experiencias previas, expectativas y estado emocional. Fenómenos perceptuales como la constancia perceptual (percibir que los objetos mantienen sus propiedades a pesar de los cambios en la estimulación sensorial) y las leyes de la Gestalt (tendencia a organizar los estímulos en formas coherentes) demuestran cómo nuestro cerebro estructura activamente la información sensorial.

La sensación y la percepción son procesos fundamentales que nos permiten captar y dar sentido a la información que recibimos del entorno. A través de nuestros sentidos, recogemos datos sobre el mundo que nos rodea, y mediante la percepción, organizamos e interpretamos estos datos para formar una representación coherente de la realidad (Goldstein & Brockmole, 2016). En este capítulo, exploraremos en profundidad los mecanismos de la sensación y la percepción, así como algunos fenómenos perceptuales fascinantes.

La sensación: la puerta de entrada a la experiencia

La sensación se refiere a la detección inicial de los estímulos ambientales por parte de nuestros receptores sensoriales. Cada modalidad sensorial (visión, audición, olfato, gusto, tacto, propiocepción y equilibrio) tiene sus propios receptores especializados que transforman la energía física (luz, sonido, sustancias químicas, etc.) en señales nerviosas que el cerebro puede interpretar.

Para que un estímulo sea detectado, debe superar un umbral mínimo de intensidad conocido como umbral absoluto. Por debajo de este umbral, el estímulo no será percibido conscientemente, aunque hay quienes creen que puede tener efectos subliminales en nuestra conducta y emociones (Elgendi et al., 2018). Algunos individuos afirman tener percepciones extrasensoriales (PES) que les permiten captar información más allá de los sentidos normales, pero la evidencia científica de estos fenómenos es muy limitada y controvertida (Cardeña, 2018).

Los sentidos: ventanas al mundo

Cada sentido nos proporciona un tipo único de información sobre el entorno. La visión es el sentido dominante en los seres humanos, y nos permite percibir la forma, el color, el movimiento y la profundidad de los objetos (Snowden et al., 2012). La audición nos permite detectar y localizar sonidos, y es crucial para la comunicación verbal (Moore, 2012). El olfato y el gusto, conocidos como sentidos químicos, nos informan sobre la presencia de sustancias en el aire y los alimentos (Shepherd, 2012). El tacto nos proporciona información sobre la textura, la temperatura y la presión de los objetos que entran en contacto con nuestra piel (Lederman & Klatzky, 2009).

La gente tiene diversos grados de sensibilidad al dolor. La explicación más aceptada del dolor es la **teoría del control de entrada**, que sostiene que una "puerta neurológica" en la médula espinal controla la transmisión de impulsos dolorosos al encéfalo. La **teoría biopsicosocial** sostiene que el dolor es un proceso dinámico que incluye mecanismos biológicos, psicológicos y sociales.

La propiocepción nos informa sobre la posición y el movimiento de nuestro cuerpo, mientras que el equilibrio nos permite mantener una postura estable (Proske & Gandevia, 2012).

Cada modalidad sensorial tiene sus propios trastornos y disfunciones. Por ejemplo, la ceguera y la sordera son trastornos de la visión y la audición, respectivamente. Los trastornos del olfato y el gusto pueden ser causados por infecciones, lesiones cerebrales o exposición a sustancias tóxicas. La sensibilidad al dolor también varía ampliamente entre individuos, y puede estar influenciada por factores biológicos, psicológicos y sociales (Raja et al., 2020).

La percepción: dando sentido a las sensaciones

La percepción es el proceso por el cual el cerebro organiza e interpreta la información sensorial para formar una representación interna del entorno (Goldstein & Brockmole, 2016). A diferencia de la sensación, que es relativamente directa, la percepción es un proceso constructivo que implica una serie de principios.

Un principio fundamental de la percepción es la organización figura-fondo, que nos permite distinguir los objetos (figuras) de su entorno (fondo). Otro principio es la constancia perceptual, que nos permite percibir las propiedades invariantes de los objetos a pesar de los cambios en la estimulación sensorial. Por ejemplo, percibimos que un objeto mantiene su tamaño, forma y color constante, aunque la distancia, el ángulo de visión y la iluminación cambien.

Constancia de tamaño La percepción de que un objeto conserva el mismo tamaño sin importar la distancia desde la que se le ve.

Constancia de forma Tendencia a ver un objeto de la misma forma sin importar desde qué ángulo se vea.

Constancia de color Inclinación a percibir que los objetos familiares conservan su color a pesar de los cambios en la información sensorial.

La psicología de la Gestalt propuso una serie de leyes o principios que gobiernan la organización perceptual, como la ley de la proximidad (tendemos a agrupar elementos cercanos), la ley de la similitud (tendemos a agrupar elementos similares) y la ley del cierre (tendemos a percibir formas completas incluso cuando faltan partes). Estos principios reflejan la tendencia del cerebro a buscar patrones y regularidades en la información sensorial.

Fenómenos perceptuales intrigantes

La percepción no siempre refleja fielmente la realidad objetiva, y puede verse influida por diversos factores cognitivos y emocionales. Un ejemplo fascinante es el efecto placebo, donde la mera expectativa de recibir un tratamiento puede producir una mejoría en los síntomas, incluso si el tratamiento es inerte (Benedetti & Shaibani, 2018). Esto demuestra el poder de las creencias y las expectativas en la percepción del dolor y otros estados corporales.

Otro fenómeno intrigante son las ilusiones perceptuales, donde la percepción difiere sistemáticamente de la realidad física. Las ilusiones ópticas, como la ilusión de Müller-Lyer o la ilusión de la máscara cóncava, muestran cómo nuestro cerebro puede ser "engañado" por ciertos patrones de estimulación (Carbon, 2014). Estas ilusiones revelan los sesgos que subyacen a nuestros procesos perceptuales.

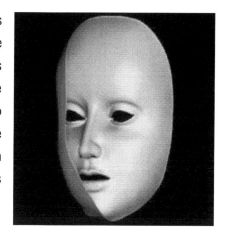

Conclusión

En resumen, la sensación y la percepción son procesos complejos y fascinantes que nos conectan con el mundo exterior. Desde la detección inicial de los estímulos por parte de nuestros receptores sensoriales hasta la interpretación final de la información por parte del cerebro, cada paso implica una serie de mecanismos y principios que moldean nuestra experiencia subjetiva. Comprender estos procesos no solo nos ayuda a apreciar la riqueza de nuestra vida mental, sino también a reconocer las limitaciones y sesgos de nuestra percepción. En última instancia, la sensación y la percepción son las ventanas a través de las cuales contemplamos la realidad, y el estudio de estos procesos nos acerca un poco más a desentrañar los misterios de la mente humana.

Atención y Memoria

La atención y la memoria son dos procesos cognitivos fundamentales que nos permiten procesar, almacenar y recuperar información del entorno. En un mundo lleno de estímulos, la atención nos permite seleccionar y enfocarnos en la información relevante, mientras que la memoria nos permite retener y utilizar esta información a lo largo del tiempo. En este capítulo, exploraremos los mecanismos y las teorías principales que explican el funcionamiento de la atención y la memoria, así como algunas estrategias para mejorar estos procesos.

Atención

La atención es el proceso de concentrar selectivamente nuestra conciencia en un estímulo particular mientras ignoramos otros. Dado que nuestros recursos atencionales son limitados, debemos seleccionar constantemente qué información procesar y cuál descartar. La atención puede ser controlada voluntariamente (atención top-down) o capturada automáticamente por estímulos salientes (atención bottom-up).

Uno de los modelos más influyentes de la atención es la teoría del filtro de Broadbent, que propone que los estímulos irrelevantes son filtrados en una etapa temprana del procesamiento. Sin embargo, estudios posteriores han demostrado que cierta información no atendida puede ser procesada a un nivel semántico, como en el fenómeno de la "fiesta de cóctel" (cuando nuestro nombre captura nuestra atención en una conversación no atendida). Teorías más recientes, como el modelo de atenuación de Treisman, sugieren que los estímulos no atendidos son atenuados, pero no completamente bloqueados.

Memoria

La memoria es el proceso de codificar, almacenar y recuperar información. Según el modelo de Atkinson-Shiffrin, la información sensorial entra primero en la memoria sensorial, donde se retiene brevemente. Luego, la información seleccionada por la atención pasa a la memoria a corto plazo (MCP), que tiene una capacidad limitada y una duración de unos pocos segundos. Mediante la práctica y la elaboración, la información puede ser transferida a la memoria a largo plazo (MLP), que tiene una capacidad virtualmente ilimitada.

La MLP se divide en memoria explícita (recuerdos conscientes de hechos y eventos) y memoria implícita (habilidades y hábitos adquiridos inconscientemente). La memoria explícita a su vez se subdivide en memoria episódica (recuerdos de experiencias personales) y memoria semántica (conocimiento general del mundo). El olvido puede ocurrir por falta de repaso, interferencia de otros recuerdos o fallas en la recuperación.

A pesar de la gran capacidad de la MLP, el olvido es un fenómeno común que puede ocurrir por diversas razones, como la falta de repaso, la interferencia de otros recuerdos similares o las fallas en los procesos de recuperación (Wixted, 2004). Para reducir el olvido, podemos utilizar diversas estrategias, como la práctica espaciada, la elaboración significativa, el uso de imágenes mentales y la organización de la información (Mayer, 2008). Además, factores como la motivación, la concentración y la confianza en nuestra propia memoria pueden influir en nuestra capacidad para codificar y recuperar información de manera efectiva.

Conclusión

En resumen, la atención y la memoria son dos procesos cognitivos estrechamente relacionados que nos permiten procesar y retener información del mundo que nos rodea. Mientras que la atención selecciona y filtra la información relevante, la memoria la codifica, almacena y recupera para su uso posterior. Ambos procesos tienen limitaciones y están sujetos a errores y distorsiones, pero también pueden ser mejorados mediante el uso de estrategias y técnicas específicas. Comprender el funcionamiento de la atención y la memoria no solo es importante para la psicología básica, sino también para áreas aplicadas como la educación, la publicidad y la rehabilitación cognitiva. En última instancia, estos procesos son fundamentales para nuestra capacidad de aprender, adaptarnos y dar sentido a nuestra experiencia en un mundo complejo y cambiante.

Aprendizaje

El aprendizaje es un proceso fundamental que permite a los organismos adquirir nuevos conocimientos, habilidades y conductas a partir de la experiencia. A lo largo de la historia, los psicólogos han propuesto diversas teorías y mecanismos para explicar cómo ocurre el aprendizaje, desde los enfoques asociativos hasta los cognitivos y sociales. En este capítulo, exploraremos algunos de los tipos más importantes de aprendizaje, como el condicionamiento clásico, el condicionamiento operante y el aprendizaje por observación, así como los conceptos clave asociados a cada uno de ellos.

Condicionamiento clásico

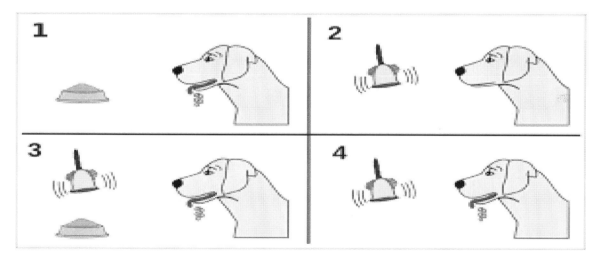

El condicionamiento clásico, también conocido como condicionamiento pavloviano, es un tipo de aprendizaje en el que un estímulo neutro (EN) adquiere la capacidad de evocar una respuesta que originalmente era provocada por otro estímulo (Pavlov, 1927/1960). El experimento más famoso de condicionamiento clásico fue realizado por Ivan Pavlov con perros. Inicialmente, un estímulo incondicionado (EI) como la comida provocaba una respuesta incondicionada (RI) de salivación. Luego, Pavlov presentó repetidamente un estímulo neutro (EN) como un tono junto con la comida.

Después de varios ensayos, el tono por sí solo era capaz de evocar la respuesta de salivación, convirtiéndose así en un estímulo condicionado (EC) que provocaba una respuesta condicionada (RC).

Algunos conceptos clave relacionados con el condicionamiento clásico son:

Extinción: Cuando el EC se presenta repetidamente sin el EI, la RC tiende a disminuir y eventualmente desaparece. Este proceso se conoce como extinción (Pavlov, 1927/1960).

Recuperación espontánea: Después de la extinción, si se deja pasar un tiempo y luego se presenta nuevamente el EC, la RC puede reaparecer en cierta medida. Este fenómeno se conoce como recuperación espontánea (Pavlov, 1927/1960).

Generalización: La RC puede ser evocada no solo por el EC original, sino también por estímulos similares. Por ejemplo, si un perro es condicionado a salivar ante un tono de 1000 Hz, también puede salivar ante tonos de frecuencias cercanas. Este fenómeno se conoce como generalización (Pavlov, 1927/1960).

Discriminación: Por otro lado, los organismos también pueden aprender a distinguir entre el EC y otros estímulos similares que no están asociados con el EI. Por ejemplo, si un perro es condicionado a salivar ante un tono de 1000 Hz (EC+) pero no ante un tono de 500 Hz (EC-), aprenderá a discriminar entre ambos estímulos y solo responderá al EC+ (Pavlov, 1927/1960).

Condicionamiento operante

El condicionamiento operante, también conocido como condicionamiento instrumental, es un tipo de aprendizaje en el que la probabilidad de una conducta aumenta o disminuye en función de sus consecuencias (Skinner, 1938). Las conductas seguidas de reforzadores tienden a fortalecerse, mientras que las seguidas de castigos tienden a debilitarse. B.F. Skinner demostró estos principios en experimentos con ratas y palomas, mostrando cómo diferentes programas de reforzamiento producen distintos patrones de respuesta.

Los conceptos clave del condicionamiento operante son:

Reforzamiento positivo: Ocurre cuando una conducta es seguida por la presentación de un estímulo apetitivo, lo que aumenta la probabilidad de que esa conducta se repita en el futuro. Por ejemplo, dar un premio a un perro después de que obedezca una orden (Skinner, 1938).

Reforzamiento negativo: Ocurre cuando una conducta es seguida por la eliminación o evitación de un estímulo aversivo, lo que también aumenta la probabilidad de que esa conducta se repita. Por ejemplo, ponerse un abrigo para evitar el frío (Skinner, 1938).

Castigo positivo: Ocurre cuando una conducta es seguida por la presentación de un estímulo aversivo, lo que disminuye la probabilidad de que esa conducta se repita. Por ejemplo, recibir una multa por exceso de velocidad (Skinner, 1938).

Castigo negativo: Ocurre cuando una conducta es seguida por la eliminación de un estímulo apetitivo, lo que también disminuye la probabilidad de que esa conducta se repita. Por ejemplo, perder privilegios por mal comportamiento (Skinner, 1938).

Aprendizaje cognitivo y por observación

Además del aprendizaje asociativo, los seres humanos y otros animales también exhiben formas más complejas de aprendizaje que implican procesos mentales superiores. El aprendizaje cognitivo se refiere a la adquisición de conocimientos y habilidades a través de la comprensión, el razonamiento y la resolución de problemas (Tolman, 1948). Por ejemplo, Tolman demostró que las ratas pueden formar "mapas cognitivos" de un laberinto, lo que les permite encontrar atajos cuando las rutas habituales están bloqueadas.

Por otro lado, el aprendizaje por observación o aprendizaje vicario se refiere a la adquisición de nuevas conductas a través de la observación e imitación de otros individuos (Bandura, 1977). Albert Bandura demostró este tipo de aprendizaje en su famoso experimento del muñeco Bobo, donde los niños que observaron a un modelo adulto agrediendo al muñeco tendían a imitar esa conducta agresiva. El aprendizaje por observación es especialmente importante en la transmisión cultural de habilidades y normas sociales.

Conclusión

El aprendizaje es un proceso complejo y multifacético que implica diferentes mecanismos y niveles de procesamiento. Desde los reflejos condicionados hasta las habilidades cognitivas complejas, el aprendizaje permite a los organismos adaptarse a su entorno y desarrollar nuevas formas de comportamiento. Los enfoques asociativos, como el condicionamiento clásico y operante, han demostrado cómo los estímulos y las consecuencias pueden moldear las conductas de manera predecible. Por otro lado, los enfoques cognitivos y sociales han revelado el papel de los procesos mentales y la influencia social en el aprendizaje. En conjunto, estas perspectivas nos brindan una visión más completa de cómo los organismos adquieren y modifican su comportamiento a lo largo de la vida. Comprender los principios del aprendizaje no solo es importante para la psicología básica, sino también para campos aplicados como la educación, la formación profesional y la terapia conductual. En última instancia, el estudio del aprendizaje nos ayuda a entender cómo los seres vivos se adaptan y prosperan en un mundo en constante cambio.

Cognición y Lenguaje

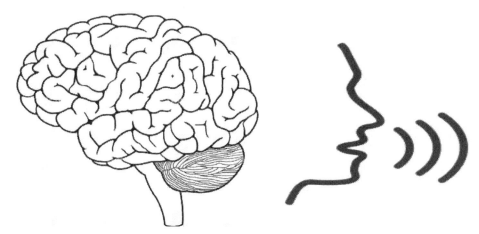

El lenguaje es una capacidad humana fascinante que nos permite nuestros pensamientos y emociones, y construir sociedades complejas. Como sistema de signos y símbolos, el lenguaje está estrechamente entrelazado con la cognición, influyendo en cómo percibimos, conceptualizamos y razonamos sobre el mundo. En este capítulo, exploraremos la naturaleza del lenguaje, sus funciones y componentes, así como las teorías sobre su adquisición y su relación con el pensamiento.

El lenguaje es un sistema de comunicación altamente estructurado que se rige por reglas gramaticales. Estas reglas abarcan la fonología (los sonidos del lenguaje), la sintaxis (la organización de las palabras en frases y oraciones) y la semántica (el significado de las palabras y las oraciones). La gramática nos permite generar un número infinito de enunciados a partir de un conjunto finito de elementos, lo que hace del lenguaje un sistema productivo y creativo (Chomsky, 1965).

Además de su estructura formal, el lenguaje tiene una dimensión pragmática que se refiere a cómo se usa en contextos comunicativos reales. La pragmática incluye aspectos como los gestos, el lenguaje corporal y la proxémica (el uso del espacio interpersonal). Según el filósofo Paul Grice (1975), la comunicación efectiva se basa en un conjunto de máximas o principios cooperativos, como ser informativo, sincero, relevante y claro.

Máxima de cantidad: haga su contribución a una conversación tan informativa como se requiera, pero no más informativa de lo apropiado.

Máxima de calidad: su contribución a una conversación debe ser sincera, se espera que usted diga lo que usted cree para el caso.

Máxima de relación: su contribución a una conversación debe ser relevante para los objetivos de la conversación.

Máxima de manera: su contribución debe tratar de evitar las expresiones oscuras, vocalizaciones vagas y confusiones intencionales para llegar a su punto.

Una cuestión central en el estudio de la cognición y el lenguaje es la relación entre el pensamiento y el lenguaje. La hipótesis de la relatividad lingüística, propuesta por Edward Sapir y Benjamin Whorf, sugiere que la estructura de un lenguaje influye en cómo sus hablantes perciben y conceptualizan el mundo (Whorf, 1956). Aunque esta hipótesis ha sido debatida, es innegable que el lenguaje y el pensamiento están profundamente entrelazados en el funcionamiento cognitivo humano.

Las teorías sobre la adquisición del lenguaje buscan explicar cómo los niños adquieren esta compleja habilidad de manera aparentemente sin esfuerzo. El enfoque innatista, liderado por Noam Chomsky, propone que los seres humanos están biológicamente predispuestos para adquirir el lenguaje gracias a una "gramática universal" innata (Chomsky, 1965). Por otro lado, las teorías del aprendizaje enfatizan el papel del entorno y la imitación en la adquisición del lenguaje. Enfoques más recientes, como el interaccionismo, consideran que tanto los factores innatos como los ambientales son esenciales para el desarrollo lingüístico (Tomasello, 2003).

Conclusión El lenguaje es una ventana a la mente humana y un pilar fundamental de la cognición. Como sistema simbólico, el lenguaje nos permite representar y comunicar ideas complejas, trascender el aquí y ahora, y construir una imagen compartida del mundo. La estrecha relación entre lenguaje y pensamiento sigue siendo un tema de investigación apasionante, con implicaciones profundas para nuestra comprensión de la cognición humana.

Comprender los mecanismos de adquisición y procesamiento del lenguaje no solo es importante para la psicología y la lingüística, sino también para campos aplicados como la educación, la inteligencia artificial y la terapia del lenguaje. A medida que continuamos explorando las complejidades del lenguaje y su papel en la cognición, estamos descifrando los misterios de una de las capacidades más asombrosas y definitorias de nuestra especie.

Toma de Decisiones

La toma de decisiones es un proceso cognitivo fundamental que impregna todos los aspectos de nuestra vida, desde las elecciones cotidianas hasta las decisiones de gran trascendencia. Cada día, nos enfrentamos a múltiples situaciones que requieren elegir entre diferentes alternativas, considerando nuestras metas, valores y las posibles consecuencias de cada opción. En este capítulo, exploraremos qué es una decisión, los diferentes estilos de toma de decisiones y los factores que pueden influir en este proceso.

En esencia, tomar una decisión implica seleccionar una alternativa entre varias opciones disponibles, con el objetivo de resolver un problema o alcanzar un objetivo deseado. Las decisiones pueden variar en complejidad y trascendencia, desde elegir qué ropa ponerse hasta decidir sobre una inversión financiera importante o un cambio de carrera profesional.

Un aspecto importante de la toma de decisiones es el nivel de estructura o programación de estas. Las decisiones programadas son aquellas que se toman de manera rutinaria y repetitiva, siguiendo un procedimiento establecido. Por ejemplo, decidir qué desayunar cada mañana o cómo organizar las tareas diarias en el trabajo. Por otro lado, las decisiones no programadas surgen ante situaciones nuevas o poco frecuentes, que requieren un enfoque creativo y adaptado a las circunstancias específicas (Simon, 1960).

La indecisión, o la dificultad para tomar decisiones, es un fenómeno común que puede tener diversas causas psicológicas. La falta de confianza en uno mismo, el miedo a las consecuencias negativas, la tendencia a la perfección o la evitación de la responsabilidad pueden contribuir a la indecisión. Según el Dr. Jeffrey Z. Rubin, factores como la desconexión de nuestros sentimientos, la duda excesiva, la baja autoestima o la dependencia de otros pueden obstaculizar nuestra capacidad para tomar decisiones efectivas.

Para mejorar la toma de decisiones, es importante desarrollar habilidades como la recopilación y análisis de información relevante, la consideración de diferentes perspectivas, la anticipación de posibles resultados y la confianza en nuestro propio juicio. Además, es fundamental estar en contacto con nuestras motivaciones y valores personales, ya que estos guían nuestras elecciones y nos ayudan a encontrar opciones alineadas con nuestras metas a largo plazo.

Conclusión La toma de decisiones es una habilidad esencial para navegar por la complejidad de la vida moderna. Desde las elecciones aparentemente triviales hasta las decisiones que pueden cambiar el rumbo de nuestra vida, cada decisión implica un proceso cognitivo que involucra la evaluación de alternativas, la consideración de las consecuencias y la alineación con nuestros objetivos y valores personales.

Comprender los diferentes estilos de toma de decisiones, así como los factores que pueden influir en este proceso, nos permite desarrollar estrategias para tomar decisiones más efectivas y satisfactorias. Al cultivar la autoconciencia, la confianza en nosotros mismos y la capacidad de analizar y adaptarnos a diferentes situaciones, podemos convertirnos en mejores tomadores de decisiones en todos los ámbitos de nuestra vida.

En última instancia, la toma de decisiones es un reflejo de nuestra autonomía y capacidad para dirigir nuestro propio destino. Cada decisión que tomamos, por pequeña que sea, contribuye a moldear nuestra identidad y a construir el camino que recorremos. Al abordar este proceso con reflexión, valentía y sabiduría, podemos tomar decisiones que nos acerquen a nuestras metas y nos permitan vivir una vida más plena y significativa.

Errores al tomar una decisión
No realizar un buen estudio de la situación.
Falta de decisión porque no se posee la información completa.
Tratar de resolver los síntomas en vez de las causas.
Demorar sucesivamente la decisión por temor a equivocarse.
Cambio constante de prioridades. Indefinición.
Decisiones extremadamente rápidas.
Considerar sólo la primera alternativa que se dispone.
Decidir entre las alternativas por "intuición" sin elaborar unos criterios.

Tabla 4. Errores al tomar decisiones.

La tabla 4 resume de manera concisa y clara los principales errores que se pueden cometer al tomar una decisión. Algunos de los puntos clave incluyen:

La importancia de realizar un estudio exhaustivo de la situación y recopilar información completa antes de decidir. Tomar decisiones sin suficiente información puede llevar a errores.

Enfocarse en las causas fundamentales de un problema en lugar de solo tratar los síntomas superficiales. Las soluciones duraderas abordan las raíces de los problemas.

Evitar retrasar excesivamente las decisiones por miedo a equivocarse. Si bien la cautela es importante, la indecisión prolongada también puede ser perjudicial.

Mantener prioridades claras y consistentes al tomar decisiones. Cambiar constantemente de enfoque genera confusión.

Tomarse el tiempo necesario para considerar múltiples alternativas en lugar de simplemente elegir la primera opción disponible. Una buena toma de decisiones implica evaluar un rango de posibilidades.

Basar las decisiones en criterios claros y lógicos en lugar de solo en la intuición. Si bien la intuición puede ser valiosa, las mejores decisiones suelen fundamentarse en un análisis razonado.

La toma de decisiones eficaz requiere información adecuada, enfoque en las causas, acción oportuna, prioridades claras, consideración de alternativas y el uso de criterios racionales.

Motivación y Emoción

La motivación y la emoción son dos aspectos fundamentales de la psicología que influyen profundamente en el comportamiento humano. La motivación se refiere a los factores internos que impulsan y dirigen nuestras acciones hacia metas específicas, mientras que la emoción abarca las respuestas subjetivas, fisiológicas y conductuales a estímulos significativos. Estos dos procesos están estrechamente entrelazados y desempeñan un papel crucial en la adaptación y el bienestar de las personas. En este capítulo, exploraremos las principales teorías, conceptos y hallazgos relacionados con la motivación y la emoción, así como su relevancia para comprender y mejorar la experiencia humana.

La motivación es un constructo complejo que ha sido abordado desde diferentes perspectivas teóricas. Una de las teorías más influyentes es la jerarquía de necesidades de Abraham Maslow (1943), que propone que los seres humanos tienen cinco niveles de necesidades organizadas en una pirámide, desde las más básicas (fisiológicas y de seguridad) hasta las más elevadas (pertenencia, estima y autorrealización). Según Maslow, las necesidades de orden inferior deben satisfacerse antes de que las de orden superior se vuelvan predominantes. Aunque esta teoría ha sido criticada por su rigidez y falta de apoyo empírico, sigue siendo un marco útil para comprender la diversidad de motivos que impulsan la conducta humana.

Otra distinción importante en el estudio de la motivación es entre la motivación intrínseca y extrínseca. La motivación intrínseca se refiere al impulso de realizar una actividad por el placer y la satisfacción inherentes a la misma, sin necesidad de recompensas externas. Por otro lado, la motivación extrínseca implica realizar una acción para obtener un resultado separado, como un premio o evitar un castigo. La investigación ha demostrado que la motivación intrínseca está asociada con una mayor creatividad, persistencia y bienestar psicológico, mientras que la motivación extrínseca puede socavar la motivación intrínseca si se percibe como controladora (Deci & Ryan, 1985).

Además de las necesidades y los tipos de motivación, los motivos específicos como el hambre, la sed, el sexo y la agresión también han sido objeto de estudio. Estos motivos están influenciados tanto por factores biológicos como por el aprendizaje y el contexto cultural. Por ejemplo, aunque el hambre está regulada por mecanismos fisiológicos como los niveles de glucosa en sangre y las hormonas, también está moldeada por las experiencias individuales y las normas sociales relacionadas con la comida. De manera similar, la agresión puede tener una base evolutiva, pero su expresión y aceptabilidad varían ampliamente entre culturas e individuos.

En cuanto a la emoción, las teorías han evolucionado desde los enfoques fisiológicos hasta los cognitivos. La teoría de James-Lange propuso que las emociones son el resultado de la percepción de cambios corporales, mientras que la teoría de Cannon-Bard sugirió que las emociones y las respuestas fisiológicas ocurren simultáneamente. Sin embargo, los enfoques cognitivos más recientes, como la teoría de la evaluación de Lazarus (1991), enfatizan el papel de la interpretación subjetiva de los eventos en la generación de emociones. Según esta perspectiva, las emociones surgen de la evaluación del significado personal de una situación en términos de relevancia, congruencia con las metas y capacidad de afrontamiento.

Otro tema central en el estudio de la emoción es la universalidad vs. la especificidad cultural de las emociones básicas. Investigadores como Paul Ekman (1972) han argumentado que existe un conjunto de emociones universales (como felicidad, tristeza, ira, miedo, asco y sorpresa) que son reconocidas y expresadas de manera similar en todas las culturas. Sin embargo, otros han destacado la importancia de las diferencias culturales en la interpretación, valoración y regulación de las emociones.

Conclusión

La motivación y la emoción son procesos psicológicos complejos y multifacéticos que dan forma a nuestras experiencias, comportamientos y relaciones con el mundo. Desde las necesidades básicas hasta los motivos más elevados, desde las respuestas fisiológicas hasta las interpretaciones cognitivas, estos fenómenos abarcan un amplio espectro de la experiencia humana. Comprender los mecanismos y las influencias que subyacen a la motivación y la emoción no solo es crucial para la psicología básica, sino también para campos aplicados como la educación, el trabajo, la salud mental y el bienestar.

A medida que continuamos explorando la intrincada interacción entre los factores biológicos, psicológicos y socioculturales que moldean nuestras motivaciones y emociones, estamos ampliando nuestra capacidad para fomentar el crecimiento personal, mejorar las relaciones interpersonales y crear entornos que nutran el florecimiento humano. Al apreciar la riqueza y la diversidad de estos procesos, podemos cultivar una mayor autoconciencia, empatía y sabiduría en la navegación de los desafíos y oportunidades de la vida.

En última instancia, el estudio de la motivación y la emoción nos invita a reflexionar sobre las fuerzas profundas que nos mueven y nos conmueven, y a abrazar la plenitud de nuestra humanidad en todas sus dimensiones. Al hacerlo, no solo ampliamos nuestro conocimiento científico, sino que también enriquecemos nuestra capacidad para vivir vidas más significativas, auténticas y satisfactorias.

CAPÍTULO 5

Escuelas de Psicología

Estructuralismo

Funcionalismo

Teorías Psicodinámicas

Conductismo

Psicología Humanista

Psicología Cognitiva

El Enfoque Sistémico

A lo largo de la historia, diversas escuelas de pensamiento han surgido en el campo de la psicología, cada una con su propia perspectiva y enfoque sobre la naturaleza humana, la conducta y los procesos mentales. Estas escuelas han contribuido significativamente al desarrollo de la psicología como disciplina científica y han proporcionado las bases teóricas y metodológicas para la investigación y la práctica clínica. En este capítulo, exploraremos las principales escuelas de psicología, incluyendo el estructuralismo, la fenomenología, la psicología de la Gestalt, el funcionalismo, las teorías psicodinámicas, el conductismo, la psicología humanista, la psicología cognitiva y el enfoque sistémico.

Estructuralismo

El estructuralismo, fundado por Wilhelm Wundt, se centra en el estudio de la estructura de la mente y la experiencia consciente. Wundt estableció el primer laboratorio de psicología en 1879 y propuso que la psicología debía ser la ciencia de la mente, utilizando la introspección como método principal para analizar los elementos básicos de la experiencia consciente, como las sensaciones, los sentimientos y las imágenes mentales.

Edward Bradford Titchener (1867-1927) fue un destacado psicólogo británico y uno

de los principales representantes del estructuralismo en la psicología. Como discípulo de Wilhelm Wundt, Titchener se formó en la tradición de la psicología experimental y se dedicó a profundizar en el estudio de los procesos de sensación y percepción (Boring, 1950).

Titchener se interesó particularmente por la estructura de la mente y la experiencia consciente. Siguiendo los pasos de Wundt, Titchener utilizó la introspección como método principal para analizar los elementos básicos de la conciencia (Tweney & Yachanin, 1980). Según Titchener, la mente estaba compuesta por tres tipos de elementos: sensaciones, imágenes y sentimientos. Las sensaciones eran consideradas los bloques de construcción más simples de la experiencia consciente y se referían a las cualidades sensoriales básicas, como la visión, el oído, el tacto, el gusto y el olfato. Las imágenes, por otro lado, eran consideradas copias atenuadas de las sensaciones y representaban la experiencia mental de objetos o eventos no presentes. Por último, los sentimientos se referían a los estados afectivos o emocionales que acompañaban a las sensaciones y las imágenes (Titchener, 1898).

Titchener argumentó que todos los fenómenos mentales complejos, incluyendo los pensamientos y los sentimientos, podían reducirse a combinaciones de estos elementos básicos. Según esta perspectiva, la tarea de la psicología era identificar y describir estos elementos fundamentales de la conciencia y comprender cómo se combinaban para formar experiencias más complejas (Titchener, 1909). Titchener creía que, al descomponer la mente en sus componentes más simples, los psicólogos podrían desarrollar una comprensión científica y objetiva de la estructura de la experiencia consciente.

Sin embargo, el enfoque estructuralista de Titchener enfrentó varias limitaciones y críticas. Una de las principales críticas se centró en la naturaleza subjetiva y limitada de la introspección como método de investigación (Watson, 1913). Los críticos argumentaron que la introspección dependía de la capacidad de los individuos para observar y reportar sus propios procesos mentales, lo que podía llevar a sesgos y errores. Además, la introspección se limitaba al estudio de la experiencia consciente y no podía abordar los procesos mentales inconscientes o los fenómenos psicológicos que ocurrían fuera del laboratorio.

Otra crítica al estructuralismo fue su reduccionismo y su enfoque limitado en la conciencia. Al descomponer la mente en elementos simples, Titchener y sus seguidores tendían a ignorar la naturaleza holística y dinámica de la experiencia mental (Wertheimer, 1912). Los críticos argumentaron que la mente no podía entenderse simplemente como una colección de sensaciones y imágenes, sino que debía ser estudiada como un sistema integrado y en interacción con el entorno.

A pesar de estas limitaciones, el trabajo de Titchener y el estructuralismo tuvieron un impacto significativo en el desarrollo de la psicología. El énfasis en la investigación experimental y en la identificación de los elementos básicos de la experiencia sentó las bases para el desarrollo posterior de la psicología científica. Además, el estructuralismo estimuló el debate y la discusión sobre la naturaleza de la mente y la conciencia, lo que llevó a la aparición de nuevas perspectivas y enfoques en la psicología, como el funcionalismo y la psicología de la Gestalt.

En conclusión, Edward Titchener fue una figura influyente en la psicología de principios del siglo XX y uno de los principales representantes del estructuralismo. Su enfoque en la introspección y en la identificación de los elementos básicos de la conciencia sentó las bases para el estudio científico de la mente. Aunque el estructuralismo enfrentó limitaciones y críticas, su legado perdura en la psicología moderna como un recordatorio de la importancia de la investigación experimental y del estudio sistemático de la experiencia consciente. El trabajo de Titchener y sus colegas estructuralistas allanó el camino para el desarrollo de nuevas perspectivas y enfoques en la psicología, y su influencia puede verse en la psicología cognitiva y en otras áreas de la psicología contemporánea.

Otros de sus pioneros destacados son los siguientes:

G. Stanley Hall y el primer laboratorio estadounidense de psicología

G. Stanley Hall (1844-1924) fue un pionero de la psicología estadounidense y una figura clave en el establecimiento de la disciplina como un campo de estudio académico respetable en los Estados Unidos. Hall realizó sus estudios de doctorado en la Universidad de Harvard, donde tuvo la oportunidad de viajar a Alemania y estudiar con Wilhelm Wundt. Esta experiencia tuvo un profundo impacto en Hall, quien regresó a Estados Unidos con la determinación de promover la psicología como una ciencia experimental rigurosa (Goodchild, 1996).

En 1883, Hall estableció el primer laboratorio estadounidense de psicología en la Universidad Johns Hopkins, siguiendo el modelo del laboratorio de Wundt. Este hito marcó el inicio de la psicología experimental en los Estados Unidos y sentó las bases para el rápido desarrollo de la disciplina en el país (Titchener, 1921). El laboratorio de Hall se convirtió en un centro de investigación y formación para una nueva generación de psicólogos estadounidenses, quienes a su vez contribuyeron a la expansión y diversificación de la psicología en las décadas siguientes.

Además de su papel en el establecimiento del laboratorio, Hall también fue un prolífico investigador y escritor. Sus intereses abarcaban una amplia gama de temas, desde la psicología del desarrollo hasta la psicología de la religión y la educación. Hall es conocido por su teoría de la recapitulación, que sostiene que el desarrollo individual reproduce las etapas de la evolución de la especie (Hall, 1904). Aunque esta teoría ha sido ampliamente criticada y rechazada por la psicología moderna, refleja el interés de Hall en integrar la psicología con otras disciplinas, como la biología y la antropología.

Hall también desempeñó un papel destacado en la institucionalización de la psicología en los Estados Unidos. Fue uno de los fundadores de la American Psychological Association (APA) en 1892 y se desempeñó como su primer presidente

(Sokal, 1981). Bajo su liderazgo, la APA se convirtió en una organización profesional influyente que promovió la investigación psicológica, estableció estándares éticos y fomentó la aplicación de la psicología en diversos ámbitos de la sociedad.

El legado de G. Stanley Hall en la psicología estadounidense es inconmensurable. Su laboratorio en la Universidad Johns Hopkins marcó el inicio de la psicología experimental en el país y sentó las bases para el rápido desarrollo de la disciplina. Sus contribuciones como investigador, educador y líder institucional ayudaron a establecer la psicología como una ciencia respetable y socialmente relevante. Aunque algunas de sus ideas, como la teoría de la recapitulación, han sido superadas por avances posteriores, su visión de la psicología como una disciplina científica rigurosa y su compromiso con la investigación empírica siguen siendo fundamentales para la psicología moderna.

J. McK. Cattell y el primer profesor de psicología en los Estados Unidos

James McKeen Cattell (1860-1944) fue otro pionero de la psicología estadounidense y el primer estadounidense en ser nombrado formalmente "profesor de psicología" en los Estados Unidos. Cattell realizó sus estudios de doctorado en la Universidad de Leipzig, Alemania, bajo la supervisión de Wilhelm Wundt, y posteriormente trabajó con Francis Galton en Inglaterra, donde se interesó por la psicología y las diferencias individuales (Sokal, 1981).

En 1888, Cattell fue nombrado profesor de psicología en la Universidad de Pennsylvania, convirtiéndose así en el primer estadounidense en ocupar un puesto académico con el título específico de "profesor de psicología" (Boring, 1950). Este nombramiento marcó un hito importante en la institucionalización de la psicología como una disciplina académica independiente en los Estados Unidos. Anteriormente, la psicología se había enseñado principalmente como parte de la filosofía o de otras disciplinas afines, pero el nombramiento de Cattell reflejó el creciente reconocimiento de la psicología como un campo de estudio distinto con sus propios métodos y objetos de investigación.

Durante su tiempo en la Universidad de Pennsylvania, Cattell estableció un laboratorio de psicología y realizó investigaciones sobre temas como la percepción, la atención y el tiempo de reacción. También fue un defensor activo de la aplicación de métodos estadísticos en la investigación psicológica y desarrolló técnicas innovadoras para medir las diferencias individuales en habilidades mentales (Cattell, 1890). El trabajo de Cattell sentó las bases para el desarrollo posterior de la psicología diferencial y la psicometría.

Además de sus contribuciones a la investigación psicológica, Cattell también desempeñó un papel destacado en la promoción y difusión de la psicología en los Estados Unidos. Fue uno de los fundadores de la American Psychological Association (APA) y se desempeñó como su cuarto presidente en 1895 (Sokal, 1981). Cattell también fue un prolífico editor y fundó varias revistas influyentes, como "The Psychological Review" y "The Scientific Monthly", que ayudaron a difundir la investigación psicológica y a establecer la psicología como una disciplina científica respetable.

El legado de J. McK. Cattell en la psicología estadounidense es significativo. Su nombramiento como el primer profesor de psicología en los Estados Unidos marcó un hito en la institucionalización de la disciplina y allanó el camino para la creación de departamentos de psicología independientes en las universidades de todo el país. Sus contribuciones a la investigación, particularmente en el área de las diferencias individuales y la psicometría, tuvieron un impacto duradero en el desarrollo de la psicología. Además, su liderazgo en la APA y su papel como editor ayudaron a establecer la infraestructura institucional y de comunicación necesaria para el avance de la disciplina.

Tanto G. Stanley Hall y J. McK. Cattell fueron figuras fundamentales en el establecimiento de la psicología como una disciplina científica y académica en los Estados Unidos. Sus contribuciones en la creación de laboratorios, la investigación, la enseñanza y la institucionalización de la psicología sentaron las bases para el rápido desarrollo y la diversificación de la disciplina en las décadas siguientes. Gracias a su visión, liderazgo y dedicación, la psicología estadounidense se convirtió en un campo de estudio vibrante y socialmente relevante, con un impacto duradero en nuestra comprensión de la mente y el comportamiento humano.

La fenomenología y su influencia en la psicología

La fenomenología es una corriente filosófica y un enfoque metodológico que ha tenido un impacto significativo en la psicología y en otras disciplinas de las ciencias sociales. Esta perspectiva se centra en el estudio de las estructuras de la conciencia y la experiencia subjetiva, considerando cómo los fenómenos se presentan a la persona en su vivencia inmediata (Husserl, 1913/2012). A diferencia de otros enfoques que buscan explicaciones causales o reduccionistas, la fenomenología se interesa por comprender los significados y las intencionalidades que subyacen a las acciones y experiencias humanas.

Uno de los precursores de la fenomenología en el ámbito de la psicología fue Wilhelm Dilthey (1833-1911), un filósofo y psicólogo alemán que argumentó que las ciencias humanas, incluyendo la psicología, requerían un enfoque diferente al de las ciencias naturales (Dilthey, 1883/1989). Según Dilthey, mientras que las ciencias naturales buscaban explicaciones causales de los fenómenos, las ciencias humanas debían centrarse en comprender las experiencias y los significados subjetivos que los individuos atribuyen a sus acciones y vivencias. Para Dilthey, la psicología debía adoptar una perspectiva "comprensiva" que se enfocara en los motivos, las intenciones y las razones que subyacen a la conducta humana en el presente, en lugar de buscar causas deterministas en el pasado.

Sin embargo, fue Edmund Husserl (1859-1938), filósofo y matemático austriaco, quien desarrolló la fenomenología como un enfoque sistemático y riguroso para el estudio de la conciencia y la experiencia (Husserl, 1913/2012). Husserl propuso el método fenomenológico, que implica una serie de pasos para acceder a las estructuras esenciales de la experiencia consciente. El primer paso es la epojé o "puesta entre paréntesis", que consiste en suspender o dejar de lado los juicios, presuposiciones y teorías previas sobre el fenómeno en cuestión. Este proceso de "reducción fenomenológica" permite al investigador abordar el fenómeno con una actitud de apertura y receptividad, sin imponer categorías o interpretaciones preconcebidas.

Una vez que se ha realizado la epojé, el siguiente paso es la descripción detallada y minuciosa del fenómeno tal como se presenta a la conciencia. Esta descripción debe ser lo más fiel y completa posible, capturando las cualidades, los matices y las estructuras inherentes a la experiencia subjetiva. A través de este proceso de descripción, el investigador busca identificar las esencias o los rasgos invariantes que caracterizan el fenómeno en cuestión, más allá de las variaciones individuales o contextuales.

La fenomenología de Husserl tuvo una gran influencia en el desarrollo de la psicología y en particular en la psicología humanista y existencial (Spiegelberg, 1972). Psicólogos como Carl Rogers y Abraham Maslow incorporaron ideas fenomenológicas en sus teorías sobre la personalidad y la autorrealización, enfatizando la importancia de la experiencia subjetiva y la búsqueda de significado en la vida (Rogers, 1961; Maslow, 1962). La fenomenología también ha inspirado enfoques terapéuticos como la terapia Gestalt de Fritz Perls, que se centra en la experiencia presente del individuo y en la toma de conciencia de los procesos corporales y emocionales (Perls, Hefferline, & Goodman, 1951).

Además de su influencia en la psicología humanista y existencial, la fenomenología ha contribuido al desarrollo de métodos cualitativos de investigación en psicología, como la investigación fenomenológica y la investigación narrativa (Giorgi, 2009; Smith, Flowers, & Larkin, 2009). Estos enfoques buscan comprender las experiencias vividas de los individuos a través de descripciones detalladas y análisis interpretativos, en lugar de reducirlas a variables o categorías preestablecidas. La fenomenología también ha influido en la psicología social, la psicología cultural y la psicología del desarrollo, destacando la importancia de la intersubjetividad, la construcción social de significados y la experiencia corporizada (Merleau-Ponty, 1945/2012; Schutz, 1967).

En conclusión, la fenomenología ha aportado una perspectiva valiosa a la psicología al centrarse en la experiencia subjetiva y en la búsqueda de significados y estructuras esenciales de la conciencia. Desde las contribuciones pioneras de Dilthey y Husserl hasta su influencia en diversas corrientes psicológicas contemporáneas, la fenomenología ha enriquecido nuestra comprensión de la mente y el comportamiento humano. Al enfatizar la importancia de la descripción detallada, la suspensión de juicios previos y la captación de esencias, la fenomenología nos invita a abordar los fenómenos psicológicos con una actitud de apertura y respeto por la experiencia vivida de cada individuo. Esta perspectiva sigue siendo relevante en la psicología actual, tanto en la investigación como en la práctica clínica, como un recordatorio de la riqueza y complejidad de la experiencia humana.

La psicología de la Gestalt y su impacto en la percepción y la terapia

La psicología de la Gestalt, desarrollada por Max Wertheimer, Wolfgang Köhler y Kurt Koffka a principios del siglo XX, representó un cambio paradigmático en la comprensión de la percepción y la experiencia humana. A diferencia del enfoque atomista del estructuralismo, que buscaba descomponer la mente en sus elementos más simples, la Gestalt se centró en el estudio de cómo las personas perciben y experimentan los objetos como totalidades organizadas, en lugar de como una mera suma de partes independientes (Wertheimer, 1923/2012).

El término "Gestalt" proviene del alemán y se traduce aproximadamente como "forma" o "configuración". La premisa central de la psicología de la Gestalt es que la percepción humana está fundamentalmente orientada hacia la organización y la búsqueda de patrones significativos en el entorno. Según esta perspectiva, la mente no se limita a registrar pasivamente los estímulos sensoriales, sino que los organiza activamente en estructuras coherentes y significativas (Köhler, 1929/1992).

Los psicólogos de la Gestalt identificaron varios principios o leyes que rigen la organización perceptual, como la ley de la proximidad (los elementos cercanos tienden a agruparse), la ley de la similitud (los elementos similares tienden a agruparse), la ley del cierre (la mente tiende a completar figuras incompletas) y la ley de la buena forma o pregnancia (la mente tiende a percibir las formas más simples y estables) (Koffka, 1935/1999). Estos principios reflejan la tendencia innata de la mente humana a buscar orden, regularidad y significado en el mundo perceptual.

Además de su contribución a la comprensión de la percepción, la psicología de la Gestalt también tuvo implicaciones importantes para el estudio del aprendizaje y la resolución de problemas. A través de experimentos con chimpancés, Wolfgang Köhler demostró que los animales pueden resolver problemas de manera súbita y creativa, lo que él denominó "insight" o comprensión súbita (Köhler, 1925/1969). Esto sugería que el aprendizaje no siempre ocurre de manera gradual y mecánica, como proponían las teorías conductistas, sino que también puede implicar una reorganización repentina de los elementos del problema en una nueva configuración significativa.

La influencia de la psicología de la Gestalt se extendió más allá del ámbito de la percepción y el aprendizaje, llegando a inspirar nuevos enfoques terapéuticos. Fritz Perls, un psicoanalista alemán, desarrolló la terapia Gestalt a partir de los principios de la psicología de la Gestalt y otras influencias, como el existencialismo y la fenomenología (Perls, Hefferline, & Goodman, 1951). La terapia Gestalt se centra en la experiencia presente del individuo y en la toma de conciencia de los procesos corporales, emocionales y cognitivos que configuran su experiencia subjetiva.

F. Perls

Según la terapia Gestalt, muchos problemas psicológicos surgen de la incapacidad del individuo para reconocer y satisfacer sus necesidades auténticas, así como de la evitación de la responsabilidad personal y la falta de contacto genuino con el entorno (Perls, 1969/1992). El objetivo de la terapia es ayudar al individuo a tomar conciencia de sus patrones de comportamiento y experiencia, a aceptar su responsabilidad en la creación de su propia realidad y a desarrollar una forma más auténtica y espontánea de relacionarse consigo mismo y con los demás.

Para lograr estos objetivos, la terapia Gestalt utiliza diversas técnicas, como el diálogo interno, el trabajo con sueños, la silla vacía y los experimentos gestálticos, que buscan ampliar la conciencia del individuo y facilitar la integración de aspectos fragmentados o rechazados de su experiencia (Polster & Polster, 1973). A través de este proceso de exploración y experimentación, el individuo puede desarrollar una mayor capacidad para vivir en el presente, aceptar su experiencia tal como es y asumir la responsabilidad de sus elecciones y acciones.

La psicología de la Gestalt representó una revolución en la comprensión de la percepción y la experiencia humana, destacando la importancia de las totalidades organizadas y los principios de la organización perceptual. Su influencia se extendió más allá del ámbito de la psicología básica, inspirando nuevos enfoques terapéuticos como la terapia Gestalt, que enfatiza la importancia de la conciencia presente, la responsabilidad personal y la autenticidad en el proceso de crecimiento y cambio psicológico. Aunque la psicología de la Gestalt ha sido criticada por su falta de rigor experimental y su dependencia de la introspección, sus ideas centrales sobre la naturaleza holística y organizada de la experiencia siguen siendo relevantes en la psicología contemporánea y han influido en campos tan diversos como la psicología cognitiva, la neurociencia y la psicoterapia.

La Escuela de Würzburgo

La Escuela de Würzburgo, fundada por Oswald Külpe a principios del siglo XX, representó un importante avance en el estudio de los procesos de pensamiento y razonamiento en la psicología. Külpe, quien había sido discípulo de Wilhelm Wundt, se apartó del enfoque estructuralista de su mentor y propuso una nueva forma de investigar los procesos mentales superiores a través de la introspección experimental (Ogden, 1951).

A diferencia de Wundt, que se centraba en el estudio de los elementos básicos de la conciencia, como las sensaciones y las imágenes mentales, Külpe y sus colaboradores de la Escuela de Würzburgo se interesaron por los procesos de pensamiento más complejos, como el juicio, la abstracción y la resolución de problemas. Para ello, desarrollaron un método de introspección sistemática en el que los participantes debían informar sobre sus experiencias mentales mientras realizaban tareas cognitivas específicas (Humphrey, 1951).

Uno de los hallazgos más destacados de la Escuela de Würzburgo fue el concepto de "pensamiento sin imágenes" (Ach, 1905/1951). A través de sus experimentos, Külpe y sus colaboradores encontraron que los participantes podían realizar tareas de pensamiento y resolver problemas sin necesariamente experimentar imágenes mentales correspondientes. Este descubrimiento desafió la idea predominante en la psicología de la época, que sostenía que todo pensamiento debía estar acompañado de imágenes mentales.

Otro concepto importante introducido por la Escuela de Würzburgo fue el de "actitud mental" o "disposición" (Einstellung), que se refiere a la tendencia o predisposición de un individuo a responder de una manera particular ante una tarea o problema (Külpe, 1904/1951). Según esta idea, la forma en que abordamos un problema no solo depende de los estímulos presentes, sino también de nuestras experiencias previas, expectativas y estados mentales.

La Escuela de Würzburgo también realizó importantes contribuciones al estudio del juicio y la abstracción. En sus experimentos sobre el juicio, encontraron que los participantes podían emitir juicios sin necesariamente basarse en la comparación de imágenes mentales, lo que sugería la existencia de procesos de pensamiento más abstractos y conceptuales (Marbe, 1901/1951). Asimismo, investigaron la naturaleza de la abstracción y cómo los individuos forman conceptos generales a partir de experiencias particulares (Bühler, 1907/1951).

Aunque los métodos y hallazgos de la Escuela de Würzburgo fueron criticados por algunos psicólogos contemporáneos, como Edward Titchener, quien cuestionó la validez de la introspección experimental (Titchener, 1909), su trabajo tuvo un impacto significativo en el desarrollo posterior de la psicología del pensamiento. Sus ideas sobre el pensamiento sin imágenes, las actitudes mentales y los procesos de juicio y abstracción sentaron las bases para futuras investigaciones en psicología cognitiva y del razonamiento.

Además, la Escuela de Würzburgo contribuyó a la transición de una psicología centrada en los elementos básicos de la conciencia a una psicología interesada en los procesos mentales superiores y el funcionamiento cognitivo complejo. Sus investigaciones allanaron el camino para el desarrollo de teorías y modelos más sofisticados sobre el pensamiento, la resolución de problemas y la toma de decisiones.

En conclusión, la Escuela de Würzburgo, liderada por Oswald Külpe, realizó importantes contribuciones al estudio de los procesos de pensamiento y razonamiento en la psicología de principios del siglo XX. A través de la introspección experimental, Külpe y sus colaboradores desafiaron ideas establecidas sobre la naturaleza del pensamiento y propusieron nuevos conceptos, como el pensamiento sin imágenes y las actitudes mentales. Aunque sus métodos fueron objeto de críticas, su trabajo sentó las bases para el desarrollo posterior de la psicología cognitiva y del pensamiento, y su legado sigue siendo reconocido como un hito importante en la historia de la psicología.

Funcionalismo

El funcionalismo emerge como una corriente psicológica fundamental a finales del siglo XIX, configurándose como una perspectiva teórica revolucionaria que transformó radicalmente la comprensión de los procesos mentales. Fundamentado epistemológicamente en la teoría evolutiva de Charles Darwin, este enfoque psicológico trascendió los límites del estructuralismo predominante, desplazando el análisis estático de la conciencia hacia una comprensión dinámica de las funciones mentales en el contexto adaptativo de los organismos.

William James, considerado el arquitecto intelectual del funcionalismo, configuró una conceptualización de la psicología como una ciencia natural, equiparable en rigor metodológico a las ciencias biológicas. Su perspectiva integradora amplió los horizontes de la investigación psicológica, incorporando dimensiones hasta entonces marginadas por los enfoques científicos tradicionales. James propuso un modelo de investigación que contemplaba sistemáticamente el desarrollo infantil, el comportamiento animal, los trastornos psicológicos y las variaciones individuales en los procesos cognitivos.

La génesis del funcionalismo se caracterizó por una ruptura epistemológica con los paradigmas contemporáneos. Mientras el estructuralismo de Wilhelm Wundt fragmentaba la experiencia consciente en elementos constitutivos, el funcionalismo concebía la mente como un sistema dinámico, interconectado y adaptativo. Esta transformación conceptual implicó una reconfiguración fundamental de los objetivos y métodos de la investigación psicológica.

La influencia darwiniana se manifestó de manera nuclear en la comprensión de los procesos mentales. La conciencia dejó de ser concebida como un constructo abstracto para convertirse en una herramienta adaptativa resultado de la selección natural. Los procesos mentales fueron interpretados como mecanismos que posibilitan la supervivencia y el ajuste de los organismos a entornos cambiantes, estableciendo un vínculo directo entre evolución biológica y desarrollo psicológico.

Los principios metodológicos del funcionalismo se articularon en torno a la observación sistemática, la perspectiva comparativa entre especies y el análisis de las variaciones individuales. John Dewey contribuyó significativamente a esta perspectiva, desarrollando aproximaciones que trascendían los límites de la introspección experimental, incorporando métodos observacionales y contextuales.

La proyección académica del funcionalismo fue extraordinariamente fecunda. Sus principios sentaron las bases para desarrollos posteriores en múltiples subdisciplinas psicológicas, incluyendo la psicología del desarrollo, la psicología comparada, la psicología educativa y la neuropsicología contemporánea. La comprensión de la mente como un sistema dinámico y adaptativo permitió expandir los horizontes de la investigación psicológica más allá de los límites establecidos.

No obstante, el funcionalismo no estuvo exento de críticas metodológicas. La comunidad científica cuestionó la rigurosidad de sus procedimientos, la dificultad para operacionalizar constructos abstractos y la preponderancia de explicaciones basadas en la utilidad adaptativa. Estas limitaciones, sin embargo, no desvirtuaron la significativa contribución del movimiento a la consolidación de la psicología como disciplina científica.

La obra de William James, particularmente "The Principles of Psychology" (1890), se constituyó como un texto fundamental que articuló sistemáticamente los principios del funcionalismo. James conceptualizó la conciencia como un flujo continuo, destacando la naturaleza selectiva de la atención, la importancia de la experiencia subjetiva y la interconexión entre pensamiento, emoción y acción.

En el marco de la evolución epistemológica de la psicología, el funcionalismo representa un momento de inflexión crítico. Su perspectiva dinámica e integradora reconfiguró definitivamente la comprensión de los procesos mentales, trascendiendo los reduccionismos precedentes y estableciendo un modelo comprehensivo que concibe la mente como un sistema adaptativo en permanente transformación.

El legado del funcionalismo pervive en las aproximaciones contemporáneas de la psicología cognitiva, la neurociencia y la psicología evolutiva. Su contribución fundamental reside en haber desplazado la mirada científica desde una concepción estática hacia una comprensión de la mente como un sistema complejo, dinámico e inherentemente adaptativo.

Teorías Psicodinámicas: Una Aproximación Psicoanalítica a la Complejidad Mental

Las teorías psicodinámicas representan un paradigma revolucionario en la comprensión de los procesos psicológicos humanos, cuya génesis se articula fundamentalmente en torno a la obra de Sigmund Freud. Este modelo teórico transgrede los límites de la comprensión racionalista de la mente, introduciendo una dimensión inconsciente que configura de manera determinante la estructura de la personalidad y la conducta humana.

La arquitectura conceptual freudiana se estructura en torno a un modelo topográfico y estructural de la mente que desafía las concepciones contemporáneas de la subjetividad. La proposición de tres instancias psíquicas —el ello, el yo y el superyó— constituye un constructo teórico que permite comprender la complejidad de los conflictos intrapsíquicos y su manifestación en el comportamiento humano.

El ello, concebido como el repositorio de los impulsos instintivos primarios, representa la dimensión más primitiva de la estructura psíquica. Operando según el principio de placer, el ello emerge como un sistema de fuerzas pulsionales no mediadas por la racionalidad, caracterizado por la búsqueda inmediata de la gratificación. En contraposición, el yo se configura como una instancia mediadora que opera según el principio de realidad, estableciendo un diálogo complejo entre las demandas pulsionales del ello y las restricciones del entorno social.

El superyó, por su parte, emerge como la instancia normativa y ética de la personalidad. Resultado de la internalización de las normas parentales y sociales, el superyó representa el sistema de control moral que regula los impulsos del ello mediante mecanismos de censura y culpabilización. La tensión dinámica entre estas tres instancias psíquicas genera un campo de conflictos intrapsíquicos que determina la economía libidinal y la estructura caracterológica del individuo.

Las experiencias traumáticas de la infancia adquieren un estatus central en la teorización psicodinámica. Freud propuso que los conflictos no resueltos durante las etapas del desarrollo psicosexual pueden cristalizarse en formaciones sintomáticas, generando perturbaciones psicopatológicas. La represión, concebida como un mecanismo de defensa psíquico, opera mediante el desplazamiento de contenidos conflictivos hacia el inconsciente, generando formaciones sintomáticas que representan manifestaciones simbólicas de conflictos subyacentes.

La práctica psicoanalítica se configura como un dispositivo terapéutico orientado a hacer consciente lo inconsciente. Mediante técnicas como la asociación libre, la interpretación de los sueños y la transferencia, el proceso psicoanalítico busca desentrañar los nudos conflictivos que obstaculizan el funcionamiento psíquico saludable. La elaboración analítica implica un proceso de reconstrucción histórica que permite al sujeto comprender las determinaciones inconscientes de su existencia.

La Contribución de Anna Freud: Profundización Psicoanalítica del Desarrollo Infantil y los Mecanismos de Defensa

La obra de Anna Freud representa un punto de inflexión fundamental en la teorización psicoanalítica, ampliando y reformulando significativamente los postulados paternos a través de una comprensión más matizada del desarrollo psicológico infantil y de los mecanismos de defensa psíquicos.

Desarrollo Teórico y Contribuciones Específicas

Anna Freud desplazó el centro de gravedad del psicoanálisis freudiano clásico hacia una perspectiva más comprensiva del desarrollo psicológico infantil. Su trabajo The Ego and the Mechanisms of Defense (1936) constituyó un texto fundacional que reposicionó el yo como un agente activo en la regulación de los conflictos intrapsíquicos, superando la concepción inicial de Sigmund Freud que lo presentaba como una instancia fundamentalmente pasiva.

La contribución teórica más significativa de Anna Freud radica en su conceptualización de los mecanismos de defensa como estrategias dinámicas mediante las cuales el yo gestiona la ansiedad y los conflictos intrapsíquicos. Estos mecanismos no se conciben ya como patologías, sino como recursos adaptativos fundamentales para la preservación del equilibrio psíquico.

Existe gran cantidad de mecanismos de defensa, estos para ser considerados como tales, deben ser inconscientes, pueden durar días, semanas, años o toda la vida y aunque no son malos por naturaleza, pueden terminar afectando a quienes los presentan.

Represión

La represión es el mecanismo de defensa fundamental que implica el desplazamiento de contenidos psíquicos conflictivos hacia el inconsciente, bloqueando su acceso a la conciencia. Esto neutraliza el potencial disruptivo de representaciones, impulsos o recuerdos que generarían una ansiedad intolerable.

Proyección

La proyección es un mecanismo defensivo por el cual el sujeto atribuye inconscientemente sus propios impulsos inaceptables a otras personas. Este desplazamiento permite descargar la tensión psíquica mediante la externalización de contenidos internos amenazantes.

Negación

La negación implica el rechazo consciente de aspectos de la realidad externa o interna que resultan traumáticos o amenazantes. El sujeto distorsiona selectivamente su percepción para preservar el equilibrio psíquico.

Racionalización

La racionalización consiste en la construcción de explicaciones lógicas y aparentemente coherentes para justificar conductas, pensamientos o sentimientos que de otro modo resultarían inaceptables. Se elaboran argumentos que preservan la integridad del yo.

Identificación con el Agresor

La identificación con el agresor supone la adopción de características, conductas o actitudes de una figura percibida como amenazante. Este proceso defensivo neutraliza la experiencia de vulnerabilidad mediante la asimilación simbólica del potencial agresor.

Sublimación

La sublimación es el mecanismo de defensa más sofisticado que implica la transformación de impulsos pulsionales potencialmente disruptivos en actividades socialmente valoradas y creativas. Permite la descarga de energía psíquica mediante canalizaciones constructivas.

Formación Reactiva

La formación reactiva consiste en la expresión exagerada de actitudes, pensamientos y conductas diametralmente opuestas a los impulsos o deseos reprimidos. El sujeto adopta una posición extrema contraria para enmascarar y contener los contenidos amenazantes.

Regresión

La regresión implica el retorno a etapas anteriores del desarrollo psíquico ante situaciones de estrés o amenaza. El sujeto adopta comportamientos y patrones emocionales propios de estadios evolutivos previos, en un intento de afrontar la ansiedad presente.

Fijación

La fijación representa la detención del desarrollo libidinal en una etapa específica, debido a la gratificación excesiva o la frustración de las necesidades pulsionales. Esto genera una adhesión rígida a modos de satisfacción primitivos y dificulta el progreso hacia etapas posteriores.

Significación Teórica

La conceptualización de Anna Freud trascendió la perspectiva patologizante inicial, concibiendo los mecanismos de defensa como estrategias dinámicas fundamentales para la adaptación psicológica. Su trabajo introdujo una comprensión más flexible y compleja de los procesos psíquicos, enfatizando la capacidad del yo para gestionar conflictos intrapsíquicos.

La perspectiva de Anna Freud resulta particularmente significativa en el ámbito del desarrollo infantil. Sus investigaciones demostraron cómo los niños desarrollan progresivamente estrategias defensivas más complejas, configurando un sistema de regulación psíquica cada vez más sofisticado.

Conductismo: Una Perspectiva Empirista de la Conducta Humana

El conductismo emerge como una propuesta epistemológica radicalmente diferente, fundamentada en un modelo científico de corte empirista y behaviorista. John B. Watson y posteriormente B.F. Skinner articularon un paradigma que rechazaba categóricamente el estudio de los procesos mentales internos, privilegiando exclusivamente el análisis de la conducta observable y mensurable.

La propuesta watsoniana estableció principios metodológicos rigurosos para la investigación psicológica. Al postular que la psicología debía circunscribirse al estudio de comportamientos objetivables, Watson desplazó el foco de atención desde los constructos subjetivos hacia las relaciones entre estímulos y respuestas. Esta aproximación implicó una delimitación científica que buscaba dotar a la psicología de un estatuto equiparable al de las ciencias naturales.

Skinner desarrolló ulteriormente esta perspectiva mediante el conductismo radical, un modelo que explicaba exhaustivamente la conducta humana a partir de principios de condicionamiento. Los mecanismos de refuerzo positivo y negativo se constituyeron como herramientas fundamentales para comprender y modificar el comportamiento. La aplicación de estos principios trascendió el ámbito académico, encontrando desarrollos significativos en campos como la educación, la terapia conductual y la modificación de conducta.

La propuesta conductista implicó una ruptura epistemológica fundamental con los modelos previos de comprensión psicológica. Al rechazar la consideración de procesos mentales internos, el conductismo redujo la complejidad de la experiencia humana a un sistema de relaciones estímulo-respuesta, generando tanto contribuciones significativas como críticas sustanciales desde perspectivas más comprensivas.

La Psicología Humanista: Una Perspectiva Integradora de la Experiencia Humana

La psicología humanista emerge como un paradigma revolucionario en el panorama psicológico de mediados del siglo XX, configurándose como una alternativa crítica tanto al reduccionismo conductista como a la perspectiva determinista del psicoanálisis freudiano. Conceptualizada como la "Tercera Fuerza" psicológica, este enfoque representa una inflexión epistemológica fundamental que reivindica la complejidad ontológica de la experiencia humana.

El surgimiento de esta corriente se inscribe en un contexto de profunda transformación intelectual, caracterizado por una crítica sistemática a los modelos mecanicistas de comprensión psicológica. Frente a la concepción fragmentaria promovida por el conductismo y el psicoanálisis clásico, la psicología humanista propone una aproximación holística que restituye la centralidad de la experiencia subjetiva y la capacidad de autodeterminación del ser humano.

Fundamentos Filosóficos y Epistemológicos

La psicología humanista se fundamenta en una premisa ontológica radical: la consideración del ser humano como un organismo complejo, dotado de una capacidad intrínseca de crecimiento, autorrealización y trascendencia. Esta perspectiva rompe definitivamente con los paradigmas reduccionistas que concebían al individuo como un sistema pasivo de respuestas condicionadas o como un mero campo de batalla de fuerzas pulsionales inconscientes.

Los principios axiales de este enfoque pueden sintetizarse en varios postulados fundamentales:

Primacía de la experiencia subjetiva, reconocimiento de la capacidad de autodeterminación, énfasis en el potencial de crecimiento personal y valoración de la dimensión fenomenológica de la existencia.

Abraham Maslow: Arquitectura Teórica de la Autorrealización

La contribución de Abraham Maslow representa un punto de inflexión fundamental en la configuración de la psicología humanista. Su teoría de la jerarquía de necesidades constituye un modelo comprehensivo que articula las motivaciones humanas desde una perspectiva integradora.

La pirámide de necesidades masloviana estructura la experiencia motivacional en diferentes niveles:

1. Necesidades fisiológicas
2. Necesidades de seguridad
3. Necesidades de pertenencia
4. Necesidades de estima
5. Necesidades de autorrealización

Maslow conceptualizó la autorrealización como la culminación del desarrollo psicológico, un estado caracterizado por la actualización del potencial inherente, la creatividad y la trascendencia existencial. Esta propuesta teórica desplaza la mirada desde los déficits hacia las potencialidades, introduciendo una perspectiva fundamentalmente optimista de la naturaleza humana.

Carl Rogers: La Terapia Centrada en la Persona

Carl Rogers desarrolló un modelo terapéutico revolucionario que trasciende los límites de las aproximaciones tradicionales. La terapia centrada en el cliente se fundamenta en tres condiciones terapéuticas nucleares:

Carl Rogers

Empatía genuina

Aceptación incondicional

Autenticidad del terapeuta

Rogers propuso un modelo no directivo que concibe al individuo como el agente primario de su proceso de cambio y crecimiento. La persona es entendida como un organismo autorrealizado, dotado de una capacidad intrínseca para comprender sus experiencias y desarrollar su potencial.

Contribuciones Epistemológicas Fundamentales

La psicología humanista introdujo transformaciones metodológicas y conceptuales significativas:

Revalorización de la experiencia subjetiva

Énfasis en la dimensión cualitativa de la investigación

Consideración de dimensiones existenciales y espirituales

Perspectiva fenomenológica en la comprensión psicológica

Proyección Contemporánea

El legado de la psicología humanista pervive en múltiples campos: psicoterapia, educación, desarrollo organizacional y trabajo social. Sus principios han influido decisivamente en enfoques contemporáneos de desarrollo personal, inteligencia emocional y psicología positiva.

La Psicología Cognitiva: Configuración Epistemológica de los Procesos Mentales

La psicología cognitiva emerge en la década de 1960 como una reacción al conductismo y se centra en el estudio de los procesos mentales, como la percepción, la atención, la memoria, el lenguaje, el pensamiento y la resolución de problemas.

Esta escuela enfatiza el papel activo de la mente en la interpretación y el procesamiento de la información del entorno.

Principios Fundamentales de la Psicología Cognitiva

La aproximación cognitiva se articula en torno a varios principios epistemológicos nucleares:

1. **Procesamiento Activo de Información** La mente se concibe como un sistema dinámico de procesamiento, capaz de seleccionar, transformar, almacenar y recuperar información de manera selectiva y constructiva. Los procesos mentales no representan un mecanismo pasivo de registro, sino un dispositivo activo de construcción de significados.

2. **Mediación Cognitiva** Los procesos mentales median la experiencia, configurando una interfaz interpretativa entre el sujeto y la realidad. La experiencia no es un registro directo, sino el resultado de complejos mecanismos de construcción y atribución de sentido.

3. **Constructivismo Cognitivo** El conocimiento se construye activamente mediante la interacción entre estructuras mentales previas y nueva información. La cognición no es un proceso de acumulación, sino de transformación y reconfiguración permanente.

4. **Plasticidad y Transformación** Los esquemas cognitivos no son estructuras estáticas, sino sistemas dinámicos susceptibles de modificación mediante experiencia, reflexión e intervención sistemática.

Jean Piaget: Arquitectura del Desarrollo Cognitivo

Teoría de las Etapas de Desarrollo Cognitivo

Piaget propuso un modelo evolutivo que conceptualiza el desarrollo intelectual como un proceso de construcción progresiva:

Etapas Fundamentales

Etapa Sensoriomotora (0-2 años) Caracterizada por la construcción de esquemas de acción, desarrollo de la permanencia del objeto y coordinación sensomotriz.

Etapa Preoperacional (2-7 años) Emergencia del pensamiento simbólico, predominio del egocentrismo cognitivo y limitaciones en la reversibilidad del pensamiento.

Etapa de Operaciones Concretas (7-11 años) Desarrollo de operaciones lógicas, comprensión de principios de conservación, clasificación y seriación.

Etapa de Operaciones Formales (11 años en adelante) Desarrollo del pensamiento abstracto, razonamiento hipotético-deductivo y capacidad de pensamiento proposicional.

Mecanismos de Desarrollo Cognitivo

Equilibración: Proceso de autorregulación que permite la adaptación cognitiva

Asimilación: Incorporación de nueva información a esquemas existentes

Acomodación: Modificación de esquemas para integrar nueva información

Aaron Beck: Modelo de Terapia Cognitiva

El modelo de terapia cognitiva desarrollado por Aaron Beck representa un enfoque revolucionario en el tratamiento de trastornos psicológicos, particularmente la depresión. La premisa central de este modelo es que los pensamientos y creencias disfuncionales desempeñan un papel fundamental en el desarrollo y mantenimiento de los problemas emocionales y conductuales.

Beck identificó patrones sistemáticos de procesamiento cognitivo disfuncional, conocidos como distorsiones cognitivas, que contribuyen a la génesis y persistencia de los trastornos psicológicos. Estas distorsiones incluyen el pensamiento dicotómico, caracterizado por una visión polarizada de la realidad en términos de todo o nada; la generalización excesiva, que implica extraer conclusiones globales a partir de eventos aislados; el filtrado mental selectivo, que se centra en los aspectos negativos de una situación mientras ignora los positivos; la descalificación de lo positivo, que minimiza o desestima las experiencias positivas; la magnificación y minimización, que exagera la importancia de los eventos negativos y resta importancia a los positivos; la personalización, que atribuye la responsabilidad de los eventos externos a uno mismo; y el razonamiento emocional, que toma las emociones como evidencia de la realidad.

A partir de la identificación de estas distorsiones cognitivas, Beck desarrolló un modelo de intervención terapéutica que busca modificar los patrones de pensamiento disfuncionales y promover un procesamiento más adaptativo de la información. Los principios fundamentales de esta intervención incluyen la identificación de pensamientos automáticos, que son aquellos pensamientos espontáneos y no evaluados que surgen en respuesta a situaciones específicas; la evaluación de evidencias, que implica examinar críticamente la validez y utilidad de los pensamientos automáticos a la luz de la información objetiva; la reestructuración cognitiva, que busca desarrollar interpretaciones alternativas más realistas y adaptativas de las situaciones; y la experimentación conductual, que implica poner a prueba las nuevas creencias y pensamientos a través de la acción en el mundo real.

La terapia cognitiva de Beck se basa en una relación colaborativa entre el terapeuta y el paciente, en la que ambos trabajan juntos para identificar y modificar los patrones de pensamiento disfuncionales. El terapeuta guía al paciente en el proceso de exploración y cuestionamiento de sus pensamientos, fomentando el desarrollo de habilidades de autoobservación y autoevaluación. A través de técnicas como el diálogo socrático, el registro de pensamientos y la asignación de tareas entre sesiones, el paciente aprende a desafiar sus creencias disfuncionales y a desarrollar una perspectiva más equilibrada y adaptativa de sí mismo, los demás y el mundo.

La eficacia de la terapia cognitiva ha sido ampliamente respaldada por la investigación empírica, demostrando su efectividad en el tratamiento de una variedad de trastornos, incluyendo la depresión, la ansiedad, los trastornos de personalidad y los trastornos alimentarios. Además, los principios de la terapia cognitiva han sido aplicados con éxito en diversos contextos, desde la psicoterapia individual hasta la terapia de grupo y los programas de autoayuda.

Albert Ellis: Terapia Racional Emotiva Conductual

Modelo A-B-C de Procesamiento Cognitivo

A (Activador): Evento externo

B (Creencia): Interpretación cognitiva

C (Consecuencia): Respuesta emocional y conductual

No son los acontecimientos (A) los que nos generan los estados emocionales (C), sino la manera de interpretarlos (B). Por lo tanto, si somos capaces de cambiar nuestros esquemas mentales, es decir nuestros patrones de pensamiento, seremos capaces de generar estados emociones menos dolorosos, más positivos y acordes con la realidad.

Las distorsiones cognitivas representan modalidades sistemáticas de procesamiento de información que generan interpretaciones sesgadas de la realidad. Estos patrones configuran estructuras cognitivas que obstaculizan una comprensión adaptativa de la experiencia, generando respuestas emocionales y conductuales desajustadas.

Taxonomía de Distorsiones Cognitivas

Pensamiento Catastrófico

El pensamiento catastrófico constituye un mecanismo de procesamiento cognitivo caracterizado por la magnificación desproporcionada de posibles consecuencias negativas. Esta modalidad interpretativa implica una proyección sistemática hacia escenarios hipotéticos de máximo deterioro, generando una percepción anticipatoria de amenaza.

Elementos característicos:

Amplificación del potencial negativo

Minimización de recursos adaptativos

Activación de estados emocionales de hipervigilancia

Anticipación permanente de resultados adversos

La estructura cognitiva catastrófica opera mediante una proyección probabilística sesgada, donde los eventos potencialmente negativos se dimensionan como inevitables e incontenibles.

Generalización

La generalización representa un mecanismo de procesamiento cognitivo mediante el cual se extraen conclusiones globales a partir de experiencias específicas. Este patrón implica una extensión injustificada de una experiencia particular hacia un conjunto más amplio de situaciones.

Modalidades de generalización:

Generalización excesiva

Universalización de eventos singulares

Construcción de marcos interpretativos totalizadores

Pérdida de especificidad contextual

El proceso generalizador supone una operación cognitiva que trasciende los límites de la particularidad experiencial, construyendo marcos interpretativos que pueden resultar desajustados de la complejidad fenoménica.

Lectura Mental

La lectura mental configura un mecanismo cognitivo caracterizado por la atribución de estados mentales, intenciones o significados a otros sin evidencia empírica sustantiva. Esta distorsión implica una proyección subjetiva de significados no verificados.

Características fundamentales:

Atribución arbitraria de intenciones

Construcción de narrativas interpretativas no contrastadas

Pérdida de capacidad de diferenciación entre significados proyectados y significados efectivos

Generación de estados emocionales asociados a interpretaciones no verificadas

El proceso de lectura mental opera mediante un mecanismo de proyección que supone la capacidad de acceder a estados mentales ajenos sin mediación verificable.

Etiquetamiento

El etiquetamiento representa un mecanismo de procesamiento cognitivo caracterizado por la reducción de la complejidad individual a categorías simplificadas y limitantes. Esta distorsión implica una definición global del sujeto a partir de características específicas.

Elementos constitutivos:

Reducción de la complejidad individual

Definición totalizadora a partir de aspectos parciales

Pérdida de la dimensión procesual y dinámica

Cristalización de identidades restrictivas

El etiquetamiento opera mediante una operación de simplificación que obtura la posibilidad de reconocimiento de la multidimensionalidad subjetiva.

Filtraje

El filtraje cognitivo constituye un mecanismo de procesamiento selectivo de información caracterizado por la focalización exclusiva en aspectos negativos, eliminando toda evidencia contradictoria o positiva.

Características centrales:

Selección sesgada de información

Eliminación de elementos que contradigan la interpretación predominante

Construcción de marcos interpretativos unidireccionales

Amplificación de aspectos negativos

El proceso de filtraje opera mediante un mecanismo de selección que genera una percepción sistemáticamente distorsionada de la realidad.

Pensamiento de Control

El pensamiento de control representa una modalidad cognitiva caracterizada por la percepción de responsabilidad absoluta sobre eventos externos o sobre las respuestas emocionales de otros.

Elementos definitorios:

Atribución de capacidad de determinación absoluta

Percepción de responsabilidad desproporcionada

Magnificación de la capacidad de influencia

Generación de estados de ansiedad asociados

El control cognitivo opera mediante una sobrevaloración de la capacidad de determinación individual.

Pensamiento Polarizado

El pensamiento polarizado constituye un mecanismo de procesamiento cognitivo caracterizado por la conceptualización de la realidad en términos absolutos y dicotómicos.

Características fundamentales:

Eliminación de matices

Conceptualización en categorías absolutas

Pérdida de comprensión de la complejidad

Reducción de la realidad a binarios excluyentes

El procesamiento polarizado opera mediante una simplificación radical que elimina toda posibilidad de comprensión compleja.

Las distorsiones cognitivas representan modalidades sistemáticas de procesamiento que obstaculizan una comprensión adaptativa de la realidad. Su identificación y transformación constituye un elemento fundamental en los procesos de intervención psicológica.

La psicología cognitiva representa una transformación epistemológica fundamental en la comprensión de los procesos mentales. Piaget y Ellis contribuyeron decisivamente a la construcción de un modelo comprehensivo que restituye la complejidad de la experiencia subjetiva, reconociendo la capacidad de agencia, transformación y desarrollo de los sujetos.

Su legado pervive en la conceptualización contemporánea de la cognición, promoviendo una visión dinámica, constructiva y potencialmente transformadora de la experiencia psicológica humana.

El Enfoque Sistémico: Arquitectura Epistemológica de la Complejidad Interaccional

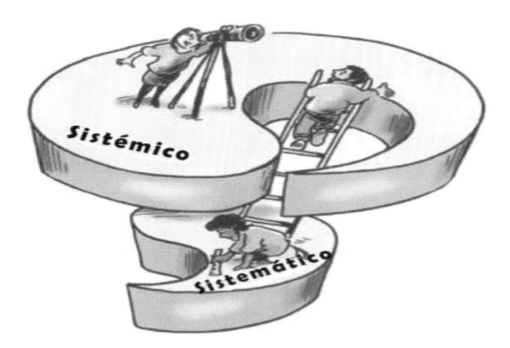

El enfoque sistémico emerge como un paradigma revolucionario en la comprensión de los fenómenos psicológicos, trascendiendo las aproximaciones reduccionistas que concebían al individuo como una entidad aislada. Esta perspectiva teórica propone una reconceptualización radical de la experiencia humana, enfatizando la primacía de las interacciones y las relaciones por sobre las entidades individuales.

Bases Epistemológicas Fundamentales

La concepción sistémica se sustenta en principios fundamentales que desafían los modelos lineales de comprensión psicológica:

Totalidad: El sistema supera la mera suma de sus componentes individuales.

Circularidad: Las interacciones se comprenden como procesos recursivos.

Equifinalidad: Múltiples trayectorias pueden conducir a resultados similares.

Morfogénesis: Capacidad de los sistemas para transformarse y autoorganizarse.

Principios Constitutivos del Enfoque Sistémico:

Sistemas Abiertos.

Los sistemas psicológicos se conceptualizan como estructuras dinámicas en permanente intercambio con su entorno. Esta perspectiva implica:

Permeabilidad de fronteras.

Intercambio constante de información.

Capacidad de autorregulación.

Retroalimentación permanente.

Estructura Interaccional.

La unidad de análisis se desplaza desde el individuo hacia los patrones de interacción. Las relaciones se comprenden como:

Procesos dinámicos.

Estructuras relacionales complejas.

Sistemas de comunicación recursivos.

Configuraciones que trascienden a los individuos que las constituyen.

Modalidades de Intervención Sistémica

Terapia Familiar Sistémica

La intervención terapéutica se orienta hacia:

Identificación de patrones interaccionales disfuncionales.

Modificación de estructuras relacionales.

Transformación de los dispositivos comunicacionales.

Desarrollo de nuevas modalidades de vinculación.

Principios Metodológicos.

Neutralidad: Suspensión de juicios interpretativos.

Circularidad: Comprensión de las interacciones como procesos recursivos.

Hipoteticidad: Construcción de múltiples narrativas explicativas.

Contextualización: Reconocimiento de la dimensión ecosistémica.

Proyecciones del Enfoque Sistémico

Campos de Aplicación

El modelo sistémico ha trascendido los límites de la psicología clínica, encontrando desarrollos significativos en:

Psicología organizacional.

Desarrollo de equipos.

Consultoría empresarial.

Mediación de conflictos.

Educación.

Familia y pareja.

Dimensiones de Intervención

Microsistémica: Nivel de interacciones íntimas y familiares.

Mesosistémica: Contextos educativos y comunitarios.

Macrosistémica: Estructuras sociales y culturales.

El enfoque sistémico representa una transformación fundamental en la comprensión de los fenómenos psicológicos:

Superación de modelos lineales causa-efecto.

Reconocimiento de la complejidad interaccional.

Perspectiva holística e integradora.

Énfasis en la capacidad autoorganizativa de los sistemas.

El enfoque sistémico constituye una revolución epistemológica en la comprensión de los fenómenos psicológicos. Su contribución fundamental reside en la capacidad de restituir la complejidad de la experiencia humana, desplazando la mirada desde entidades individuales hacia los procesos interaccionales que configuran la subjetividad.

La perspectiva sistémica no solo representa un modelo de intervención, sino una forma radical de comprender la constitución de lo humano como un entramado dinámico de relaciones en permanente transformación.

Conclusión

Las diferentes escuelas de psicología han aportado valiosas perspectivas y conocimientos sobre la complejidad de la mente y el comportamiento humano. Desde el estructuralismo, que buscaba descomponer la experiencia consciente en sus elementos básicos, hasta el enfoque sistémico, que considera al individuo como parte de un sistema más amplio, cada escuela ha contribuido a nuestra comprensión de los procesos psicológicos. Aunque algunas de estas escuelas han sido criticadas por sus limitaciones o por la falta de evidencia empírica, su legado ha sido fundamental para el desarrollo de la psicología moderna.

En la actualidad, la psicología se ha convertido en una disciplina diversa y multifacética, que integra conocimientos y métodos de diferentes enfoques teóricos. Los psicólogos contemporáneos reconocen la importancia de considerar tanto los factores individuales como los contextuales, y de utilizar una variedad de herramientas y técnicas para abordar los desafíos psicológicos. La investigación en psicología continúa evolucionando, incorporando avances en neurociencia, genética, tecnología y otras disciplinas afines, con el objetivo de profundizar nuestra comprensión de la mente y el comportamiento humano, y de desarrollar intervenciones más efectivas para promover el bienestar y la salud mental.

En última instancia, el estudio de las diferentes escuelas de psicología nos permite apreciar la riqueza y la complejidad de la experiencia humana, y nos brinda un marco conceptual para abordar los desafíos psicológicos desde múltiples perspectivas. Al comprender las fortalezas y limitaciones de cada enfoque, los psicólogos pueden integrar y adaptar estos conocimientos para responder de manera más efectiva a las necesidades individuales y sociales, contribuyendo así al avance de la disciplina y al mejoramiento de la calidad de vida de las personas.

CAPÍTULO 6

Investigación en Psicología

Enfoques de Investigación

El Método Experimental

Investigación Cualitativa

Métodos de Recolección de Datos

Consideraciones Éticas

La investigación en psicología integra diversos métodos y enfoques para comprender la complejidad del comportamiento humano. Aunque las conversaciones cotidianas, observaciones informales, mitos, leyendas, arte y religión proporcionan valiosas perspectivas sobre la naturaleza humana, la psicología moderna se fundamenta principalmente en el método científico para construir un conjunto organizado y preciso de conocimientos.

Enfoques de Investigación

Los investigadores pueden adoptar tres enfoques principales: cuantitativo, cualitativo o mixto. El enfoque cuantitativo se distingue por su carácter secuencial y su énfasis en la comprobación de hipótesis mediante medición numérica y análisis estadístico. Este proceso sigue diez pasos fundamentales: la concepción de la idea, el planteamiento del problema, la revisión de literatura y desarrollo del marco teórico, la visualización del alcance, la elaboración de hipótesis y definición de variables, el desarrollo del diseño, la selección de la muestra, la recolección de datos, el análisis y la elaboración del reporte final.

Alcance de la Investigación

Las investigaciones se clasifican según su alcance en cuatro categorías:

1. Exploratorias: Investigan problemas poco estudiados o aportan perspectivas innovadoras

2. Descriptivas: Se centran en la medición precisa de variables específicas

3. Correlacionales: Estudian las asociaciones entre variables mediante valores numéricos

4. Explicativas: Determinan las causas de los fenómenos en condiciones controladas

Diseños de Investigación

Los diseños pueden ser experimentales o no experimentales. Los experimentales implican la manipulación deliberada de variables independientes, mientras que los no experimentales estudian los fenómenos en su contexto natural. Los diseños no experimentales se subdividen en:

Transversales o transeccionales: Recolectan datos en un único momento.

Longitudinales o evolutivos: Analizan cambios a través del tiempo, incluyendo diseños de tendencia y análisis evolutivo de grupos (cohorte).

El Método Experimental

La investigación experimental constituye uno de los pilares fundamentales de la psicología científica, caracterizándose por su rigor metodológico y su capacidad para establecer relaciones causales entre variables. Este método se basa en la manipulación sistemática de variables bajo condiciones controladas para comprender cómo afectan al comportamiento humano.

Fundamentos del Método Experimental

El método experimental se fundamenta en la formulación y comprobación de hipótesis, que son suposiciones provisionales sobre la relación entre dos o más variables. Estas hipótesis se someten a prueba mediante técnicas empíricas rigurosas que permiten establecer relaciones causales. La estructura básica del método experimental requiere la identificación y manipulación de variables específicas:

Variable Independiente (VI): Es aquella que el investigador manipula deliberadamente para observar sus efectos. Representa la causa potencial que se está estudiando.

Variable Dependiente (VD): Es la respuesta o comportamiento que se mide como resultado de la manipulación de la variable independiente. Representa el efecto que se está investigando.

Variables Extrañas: Son aquellos factores que podrían influir en los resultados pero que no son el foco del estudio. El control de estas variables es crucial para garantizar la validez interna del experimento.

Grupos de Investigación

El método experimental típicamente involucra dos grupos principales:

Grupo Experimental: Es el grupo de participantes que recibe la manipulación de la variable independiente. Este grupo está expuesto al tratamiento o condición que se está investigando.

Grupo Control: Es el grupo que no recibe la manipulación de la variable independiente, manteniendo las condiciones basales o estándar. Su función es crucial para establecer comparaciones y determinar si los cambios observados se deben efectivamente a la manipulación experimental.

Control Experimental

El control experimental es fundamental para garantizar la validez de los resultados. Esto incluye:

1. Aleatorización: La asignación aleatoria de participantes a los grupos experimental y control.

2. Control de Variables Extrañas: Mediante técnicas como el mantenimiento de condiciones ambientales constantes.

3. Estandarización de Procedimientos: Asegurando que todos los participantes reciban las mismas instrucciones y condiciones.

Consideraciones Metodológicas

1. Validez Interna: Garantiza que los cambios en la variable dependiente se deban efectivamente a la manipulación de la variable independiente.

2. Validez Externa: Se refiere a la capacidad de generalizar los resultados a otras poblaciones y contextos.

3. Prejuicio del Experimentador: Se debe controlar mediante técnicas como el doble ciego, donde ni el participante ni el experimentador conocen la condición experimental.

Ejemplo de Investigación Experimental

"Efecto del color del aula en el nivel de ansiedad ante un examen"

Planteamiento del Problema: ¿El color de las paredes de un aula puede influir en el nivel de ansiedad de los estudiantes durante un examen?

Hipótesis: Los estudiantes que realizan un examen en un aula pintada de azul claro experimentarán menos ansiedad que aquellos que lo realizan en un aula pintada de rojo.

Método:

Variables:

Variable Independiente: Color del aula (azul claro vs. rojo).

Variable Dependiente: Nivel de ansiedad medido con una escala simple de 1 a 10.

Grupos:

Grupo Experimental: 20 estudiantes realizan el examen en el aula azul.

Grupo Control: 20 estudiantes realizan el examen en el aula roja.

Procedimiento:

Se seleccionan 40 estudiantes de la misma clase y nivel académico.

Se dividen aleatoriamente en dos grupos de 20.

Ambos grupos realizan el mismo examen de matemáticas básicas.

Al finalizar, cada estudiante indica su nivel de ansiedad en una escala de 1 a 10.

Se comparan los resultados entre ambos grupos.

Control de Variables Extrañas:

Mismo horario para ambos grupos.

Misma temperatura en ambas aulas.

Mismo nivel de iluminación.

Mismo profesor aplicando el examen.

Mismo nivel de dificultad del examen.

Resultados Hipotéticos:

Grupo en aula azul: nivel promedio de ansiedad 5.2.

Grupo en aula roja: nivel promedio de ansiedad 7.4.

Este ejemplo simple demuestra los elementos básicos del método experimental:

Manipulación de una variable independiente (color).

Medición de una variable dependiente (ansiedad).

Uso de grupos control y experimental.

Control de variables extrañas.

Medición cuantitativa de resultados.

El ejemplo anterior proporciona una visión completa del método experimental en psicología, destacando su importancia como herramienta fundamental para establecer relaciones causales en la investigación psicológica. El ejemplo práctico ilustra la aplicación de los principios metodológicos y las consideraciones necesarias para realizar una investigación experimental rigurosa.

El Método Correlacional en Psicología

El método correlacional representa una herramienta fundamental en la investigación psicológica, caracterizándose por estudiar la relación natural entre variables sin la necesidad de manipularlas experimentalmente. A diferencia del método experimental, el correlacional observa cómo las variables se relacionan en su estado natural, permitiendo descubrir patrones y asociaciones significativas.

Características Fundamentales:

No requiere manipulación de variables.

Estudia relaciones que ocurren naturalmente.

Puede examinar múltiples variables simultáneamente.

Utiliza análisis estadísticos para determinar el grado de relación.

No establece causalidad, solo asociación.

Tipos de Correlaciones:

1. Correlación Positiva: Cuando una variable aumenta, la otra también lo hace. Ejemplo: A mayor tiempo de estudio, mayores calificaciones.

2. Correlación Negativa: Cuando una variable aumenta, la otra disminuye. Ejemplo: A mayor nivel de estrés, menor calidad de sueño.

3. Correlación Nula: No existe relación significativa entre las variables. Ejemplo: El color favorito y la capacidad matemática.

Ejemplo Detallado de un Estudio Correlacional

Título: "Relación entre horas de sueño y estado de ánimo en estudiantes universitarios"

Planteamiento: Se busca investigar si existe una relación entre las horas que duermen los estudiantes y su estado de ánimo durante el día.

Variables:

Variable 1: Horas de sueño por noche.

Variable 2: Estado de ánimo (medido en una escala simple de 1 a 10, donde 1 es muy negativo y 10 muy positivo).

Método:

Participantes: 30 estudiantes universitarios.

Duración: 1 semana.

Procedimiento:

Cada estudiante registra sus horas de sueño cada noche.

Al despertar, califica su estado de ánimo en la escala de 1-10.

No se hace ninguna intervención ni se dan instrucciones sobre cuánto dormir.

Recolección de Datos:

Los estudiantes anotan en un diario simple:

Hora de acostarse.

Hora de levantarse.

Puntuación de estado de ánimo.

Resultados Hipotéticos:

Los estudiantes que duermen un promedio de 8 horas reportan estados de ánimo de 8-9.

Los que duermen 6 horas o menos reportan estados de ánimo de 4-5.

Se encuentra una correlación positiva: a más horas de sueño, mejor estado de ánimo.

Ventajas de este estudio:

Simple de implementar.

No requiere equipamiento especial.

Estudia el comportamiento natural.

Fácil participación.

Limitaciones:

No puede establecer si dormir más causa mejor estado de ánimo.

Pueden existir otras variables influyentes (estrés, alimentación, ejercicio).

Se basa en autorreportes.

Este ejemplo ilustra los elementos básicos de un estudio correlacional manteniendo la simplicidad y claridad en el diseño y la implementación.

Investigación Cualitativa

Los métodos cuantitativos tienden a medir tendencias relativas a un fenómeno, mientras que los métodos de investigación cualitativa son idóneos para describir en profundidad un fenómeno determinado.

Los investigadores llevan a cabo investigaciones cualitativas para recopilar datos y responder a preguntas sobre complejos procesos sociales difíciles de cuantificar.

Los datos cualitativos se refieren a la información rica, profunda y variada que capta la complejidad y diversidad de las experiencias humanas y las realidades sociales. En lugar de centrarse en cantidades o mediciones, los datos cualitativos pretenden comprender la compleja naturaleza de los fenómenos, descubriendo el "por qué" y el "cómo" en lugar del "cuánto".

Ejemplo: Piensa a la hora de comprar un celular que factores cualitativos y cuantitativos tomas en cuanta para hacer tue elección.

La investigación cualitativa es particularmente valiosa para comprender fenómenos sociales complejos. Incluye varios métodos específicos:

Estudios de Caso: Los estudios de caso representan una metodología de investigación cualitativa que se caracteriza por el análisis profundo y detallado de un individuo, grupo o fenómeno específico. Este método permite una comprensión holística del objeto de estudio en su contexto natural.

Fundamentos Metodológicos

Un estudio de caso implica la recopilación sistemática de información sobre el sujeto de estudio utilizando múltiples fuentes de datos. Esta metodología resulta particularmente valiosa cuando se busca comprender fenómenos complejos que requieren un análisis detallado y contextualizado.

La principal fortaleza del estudio de caso reside en su capacidad para proporcionar una comprensión profunda de fenómenos únicos o poco comunes. A diferencia de los métodos cuantitativos que buscan generalizar resultados, el estudio de caso se enfoca en la riqueza y profundidad de la información obtenida.

Proceso de Investigación

El desarrollo de un estudio de caso sigue varias etapas estructuradas:

La fase inicial comprende la identificación y selección del caso, considerando su relevancia y potencial para generar conocimientos significativos. Posteriormente, se desarrolla un protocolo detallado de investigación que guiará la recolección de datos.

Durante la fase de recopilación de información, se utilizan múltiples técnicas como entrevistas en profundidad, observación directa, análisis de documentos y registros personales. Esta triangulación de datos fortalece la validez de los hallazgos.

El análisis de la información requiere una interpretación minuciosa que considere el contexto específico del caso y sus particularidades. Los investigadores buscan patrones, temas emergentes y conexiones significativas entre diferentes aspectos del caso.

Ejemplo Práctico

Para ilustrar la aplicación del método de estudio de caso, consideremos el siguiente ejemplo:

"Adaptación Psicológica Postraumática: El Caso de María"

Antecedentes: María, una mujer de 35 años, sobrevivió a un grave accidente automovilístico. El estudio examina su proceso de recuperación psicológica durante un período de dos años.

Métodos de Recolección:

Entrevistas periódicas con María

Registros de sus sesiones terapéuticas

Diarios personales

Entrevistas con familiares

Informes médicos y psicológicos

Análisis: El estudio documenta las estrategias de afrontamiento desarrolladas, los cambios en su perspectiva vital y los factores que contribuyeron a su recuperación.

Aplicaciones en Psicología

Los estudios de caso encuentran aplicación en diversos campos de la psicología:

En psicología clínica, permiten documentar casos únicos de trastornos o respuestas excepcionales a tratamientos. En psicología del desarrollo, facilitan el seguimiento detallado de procesos de crecimiento y cambio. En psicología organizacional, pueden examinar procesos de cambio institucional o dinámicas grupales específicas.

Fortalezas y Limitaciones

Las principales fortalezas incluyen la profundidad de la comprensión obtenida y la capacidad para estudiar fenómenos en su contexto natural. Esta metodología resulta especialmente valiosa para generar hipótesis y teorías preliminares.

Sin embargo, las limitaciones incluyen la dificultad para generalizar resultados y la posible influencia de sesgos del investigador. La validez externa puede ser limitada debido a la naturaleza única de cada caso.

Implicaciones Prácticas

Los estudios de caso contribuyen significativamente al conocimiento psicológico mediante:

La documentación detallada de fenómenos poco comunes o difíciles de estudiar mediante otros métodos. El desarrollo de nuevas hipótesis y teorías basadas en observaciones profundas. La identificación de variables relevantes para investigaciones posteriores más amplias.

Los estudios de caso representan una herramienta invaluable en la investigación psicológica, proporcionando una comprensión profunda y contextualizada de fenómenos complejos. Su valor reside en la riqueza de la información obtenida y su capacidad para generar nuevas perspectivas teóricas y prácticas.

La teoría fundamentada: (Grounded Theory) representa un método sistemático de investigación cualitativa que se caracteriza por generar teorías explicativas de fenómenos sociales a partir del análisis riguroso de datos empíricos, en lugar de partir de hipótesis preestablecidas.

Características Fundamentales

Proceso Inductivo.

Parte de los datos hacia la teoría.

No comienza con hipótesis preconcebidas.

La teoría emerge del análisis sistemático.

Recolección y Análisis Simultáneo

Los datos se analizan mientras se recolectan.

El análisis guía la recolección posterior.

La teoría fundamentada representa una metodología valiosa para la investigación psicológica, especialmente cuando se busca comprender procesos sociales complejos para los cuales las teorías existentes resultan insuficientes. Su naturaleza sistemática y flexible permite desarrollar explicaciones teóricas robustas basadas directamente en la experiencia de los participantes.

Investigación-acción: Es un enfoque colaborativo y participativo de la investigación cuyo objetivo es resolver problemas del mundo real. En este enfoque, los investigadores trabajan en estrecha colaboración con los miembros de la comunidad o las partes interesadas, que participan activamente en todas las etapas del proceso de investigación, desde la identificación del problema hasta la aplicación y evaluación de la solución. No sólo pretende generar conocimientos, sino también producir resultados prácticos y empoderar a los participantes.

Investigación Etnográfica: Es un método profundamente arraigado en la antropología cultural, en el que el investigador se sumerge en la vida cotidiana del grupo o comunidad que estudia. Implica un compromiso a largo plazo y una observación minuciosa del grupo, a menudo mediante la participación en sus actividades. El objetivo principal es conocer desde dentro la dinámica social, las creencias, los rituales y los comportamientos del grupo. Requiere mucho tiempo de recopilación de datos y un profundo conocimiento y respeto de la cultura estudiada.

Investigación Narrativa: Se centra en las historias personales y experiencias individuales, analizando tanto el contenido como la estructura de las narraciones. Primeramente, se centran en las narrativas, se centran en las historias que los individuos cuentan sobre sus experiencias y acontecimientos vitales. Estas narraciones ofrecen una ventana a las perspectivas de los individuos y permiten comprender sus sentimientos, motivos y acciones.

La segunda parte del proceso de investigación narrativa es la interpretación de estas historias. Los investigadores analizan estas narraciones no sólo por su contenido, sino también por cómo están estructuradas y contadas.

Investigación Fenomenológica: Busca comprender la esencia de las experiencias vividas por los individuos en relación con un fenómeno concreto. El objetivo es captar la esencia de la experiencia o los significados e interpretaciones subyacentes que los individuos asignan a sus experiencias. Implica entrevistas detalladas, observaciones o anotaciones en diarios, lo que permite al investigador profundizar en los intrincados detalles de las experiencias y sentimientos de las personas. Se considera un pproceso complejo y largo, riguroso y reflexivo.

Métodos de Recolección de Datos

Observación: Es la técnica más antigua en evaluación psicológica, consistente en la observación sistemática del comportamiento en ambientes naturales o controlados. Sus fases incluyen:

Especificación del problema.

Recogida de datos con variables definidas.

Análisis e interpretación.

Comunicación de resultados.

Desventajas:

Prejuicio (Direccionalidad) del observador. Comportamiento observado depende del momento, lugar y grupo de personas (una vez).

Ventajas:

El comportamiento de los sujetos es más natural, espontáneo y variado. Cuando no saben que la están observando actúa con mayor naturalidad, se brindan nuevas ideas y pistas para proseguir su trabajo y ayuda a mantener una perspectiva amplia.

Entrevistas y Encuestas: constituyen herramientas fundamentales en la investigación psicológica, proporcionando métodos estructurados para recopilar información detallada sobre las experiencias, pensamientos y comportamientos humanos. Estos instrumentos permiten a los investigadores obtener datos cualitativos y cuantitativos valiosos para comprender diversos fenómenos psicológicos.

Las entrevistas, como método de investigación, se caracterizan por su flexibilidad y capacidad para profundizar en las experiencias individuales. Un entrevistador experto puede adaptar sus preguntas en tiempo real, siguiendo líneas de investigación prometedoras y clarificando respuestas ambiguas. Esta interacción directa permite obtener información rica y matizada que podría perderse en métodos más estructurados.

Existen tres tipos principales de entrevistas en la investigación psicológica. Las entrevistas estructuradas siguen un guion predeterminado con preguntas específicas, asegurando consistencia entre diferentes participantes. Las entrevistas semiestructuradas combinan preguntas predefinidas con la flexibilidad para explorar temas emergentes. Las entrevistas no estructuradas, por su parte, permiten una conversación más libre y abierta, guiada principalmente por las respuestas del participante.

La conducción efectiva de una entrevista requiere habilidades específicas por parte del investigador. El entrevistador debe establecer rapport, mantener la objetividad, y demostrar una escucha activa. Es crucial evitar preguntas sugestivas o sesgadas que puedan influir en las respuestas del participante. El registro preciso de las respuestas ya sea mediante grabación o toma de notas detalladas, es fundamental para el análisis posterior.

Las encuestas, por otro lado, ofrecen un método más estandarizado de recolección de datos. Las encuestas cualitativas se diseñan con preguntas abiertas que permiten a los participantes expresar sus pensamientos y experiencias con sus propias palabras. Este formato facilita la recopilación de respuestas detalladas de un mayor número de participantes en comparación con las entrevistas individuales.

El diseño de encuestas efectivas requiere una cuidadosa consideración de varios factores. Las preguntas deben ser claras, imparciales y capaces de obtener la información deseada. El orden de las preguntas puede influir en las respuestas, por lo que debe planificarse estratégicamente. La longitud de la encuesta debe equilibrar la necesidad de información con el mantenimiento del compromiso del participante.

Un aspecto crucial tanto en entrevistas como en encuestas es la consideración de sesgos potenciales. El sesgo del entrevistador puede manifestarse a través del lenguaje corporal, el tono de voz o la forma de formular las preguntas. El sesgo de deseabilidad social puede llevar a los participantes a dar respuestas que consideran socialmente aceptables en lugar de sus verdaderas opiniones.

La confidencialidad y el consentimiento informado son fundamentales en ambos métodos. Los participantes deben comprender cómo se utilizará su información y tener la seguridad de que sus respuestas se manejarán de manera ética y confidencial. Esto es especialmente importante cuando se tratan temas sensibles o personales.

El análisis de datos requiere un enfoque sistemático. En las entrevistas, esto implica la transcripción, codificación y análisis temático de las respuestas. Para las encuestas cualitativas, se pueden emplear técnicas de análisis de contenido para identificar patrones y temas recurrentes en las respuestas abiertas.

La combinación de entrevistas y encuestas puede proporcionar una comprensión más completa del fenómeno estudiado. Las entrevistas ofrecen profundidad y detalle, mientras que las encuestas permiten identificar patrones más amplios en una población mayor. Esta triangulación metodológica fortalece la validez de los hallazgos de investigación.

Es importante reconocer las limitaciones de estos métodos. Las entrevistas requieren tiempo y recursos significativos, lo que puede limitar el tamaño de la muestra. Las encuestas pueden sufrir de bajas tasas de respuesta o respuestas incompletas. Ambos métodos dependen de la honestidad y precisión de los participantes en sus respuestas.

La tecnología moderna ha expandido las posibilidades de estos métodos. Las entrevistas pueden realizarse virtualmente, permitiendo acceder a participantes geográficamente dispersos. Las encuestas en línea facilitan la distribución y recopilación de datos, aunque presentan sus propios desafíos en términos de representatividad de la muestra y validez de las respuestas.

El éxito en la aplicación de estos métodos requiere una planificación cuidadosa, habilidades interpersonales sólidas y un compromiso con los estándares éticos de la investigación psicológica. Cuando se implementan adecuadamente, las entrevistas y encuestas proporcionan datos valiosos que contribuyen significativamente a nuestra comprensión del comportamiento y la experiencia humana.

Consideraciones Éticas en Investigación

La investigación psicológica debe respetar tres derechos fundamentales de los participantes:

1. Consentimiento informado
2. Protección de la autoestima
3. Privacidad y confidencialidad

El código ético de la APA establece directrices específicas:

Los participantes deben recibir información clara sobre la investigación.

El consentimiento informado debe documentarse.

Deben explicarse los riesgos y limitaciones de confidencialidad.

El engaño solo puede utilizarse cuando es absolutamente necesario.

Deben ofrecerse alternativas equitativas cuando la participación está vinculada a créditos académicos.

En este capítulo se proporcionó una visión completa de los diversos métodos y enfoques utilizados en la investigación psicológica, destacando la importancia de la rigurosidad metodológica y las consideraciones éticas en la búsqueda del conocimiento científico sobre el comportamiento humano.

CAPÍTULO 7

Aspectos Deontológicos en Psicología

Principios Fundamentales

Confidencialidad

Competencia Profesional

Relaciones Profesionales

Evaluación e Intervención

Investigación y Publicación

Aspectos Tecnológicos

Casos Prácticos

La deontología en psicología establece los principios éticos y las normas que guían la práctica profesional, asegurando que los psicólogos actúen con integridad y responsabilidad en beneficio de las personas y la sociedad. El Código Deontológico del Colegio Profesional de Psicología de Costa Rica proporciona un marco fundamental para la conducta ética en la práctica psicológica.

Principios Fundamentales

La práctica psicológica se fundamenta en el respeto a la dignidad y los derechos humanos fundamentales. Los psicólogos tienen la responsabilidad primordial de promover el bienestar de las personas, familias, grupos y comunidades con quienes trabajan. Este compromiso implica mantener los más altos estándares de competencia profesional y conducta ética.

Confidencialidad

La confidencialidad constituye uno de los pilares fundamentales de la práctica psicológica. Los profesionales están obligados a proteger la información obtenida en el contexto de su trabajo, compartiendo únicamente lo necesario en situaciones específicas como el riesgo de daño grave, requerimientos legales o supervisión profesional. El manejo adecuado de la información confidencial requiere sistemas seguros de almacenamiento y la obtención del consentimiento informado para cualquier divulgación.

Competencia Profesional

Los psicólogos deben mantener y actualizar continuamente sus conocimientos y habilidades profesionales. Esto implica participar en actividades de desarrollo profesional continuo, mantenerse al día con los avances en su campo de especialización y reconocer los límites de su competencia. Cuando encuentran situaciones que exceden su nivel de experiencia o conocimiento, tienen la obligación ética de referir a otros profesionales calificados.

Relaciones Profesionales

La integridad en las relaciones profesionales es esencial. Los psicólogos deben evitar relaciones duales o múltiples que puedan comprometer su objetividad o efectividad profesional. Esto incluye relaciones personales, comerciales o de otro tipo que puedan interferir con su trabajo. Las relaciones con colegas deben caracterizarse por el respeto mutuo y la colaboración profesional.

Evaluación e Intervención

En la evaluación psicológica, los profesionales deben utilizar instrumentos y técnicas validados científicamente, interpretar los resultados con cautela y comunicarlos de manera comprensible para los clientes. Las intervenciones deben basarse en evidencia científica y considerar las características individuales y culturales de cada persona.

Investigación y Publicación

La investigación psicológica debe adherirse a estrictos estándares éticos, incluyendo la obtención del consentimiento informado, la protección de los participantes y el manejo responsable de los datos. La publicación de resultados debe ser honesta y precisa, reconociendo adecuadamente las contribuciones de otros investigadores.

Responsabilidad Social

Los psicólogos tienen una responsabilidad especial hacia la sociedad. Deben utilizar su conocimiento y habilidades para promover el bienestar social, contribuir al desarrollo de políticas públicas basadas en evidencia y participar en el debate público de manera responsable. Esta responsabilidad incluye la promoción de la justicia social y la equidad en el acceso a los servicios psicológicos.

Ejercicio Profesional

La práctica profesional debe realizarse en condiciones que garanticen la calidad del servicio. Esto incluye mantener registros adecuados, establecer honorarios justos y transparentes, y asegurar un ambiente profesional apropiado. Los psicólogos deben ser honestos en su publicidad y representación profesional.

Supervisión y Formación

Los psicólogos que supervisan a otros profesionales o estudiantes tienen la responsabilidad adicional de facilitar su desarrollo profesional mientras aseguran la calidad del servicio prestado. La supervisión debe ser competente, regular y documentada adecuadamente.

Aspectos Tecnológicos

En la era digital, los psicólogos deben considerar cuidadosamente los aspectos éticos del uso de la tecnología en su práctica. Esto incluye la prestación de servicios en línea, el almacenamiento digital de información y la comunicación electrónica con clientes y colegas.

Consideraciones Finales

La práctica ética de la psicología requiere un compromiso continuo con la reflexión y el desarrollo profesional. Los psicólogos deben mantenerse informados sobre los cambios en las normas éticas y legales que afectan su práctica, y estar dispuestos a consultar con colegas cuando enfrentan dilemas éticos complejos.

La adherencia a los principios deontológicos no solo protege a los clientes y la profesión, sino que también contribuye al desarrollo y reconocimiento de la psicología como una disciplina científica y profesional respetada. El compromiso con la ética profesional es fundamental para mantener la confianza pública y asegurar que la psicología continúe contribuyendo significativamente al bienestar individual y social.

En la página dos del Código de Ética y Deontológico del Colegio de Profesionales en la Psicología de Costa Rica, podemos encontrar una síntesis de lo que se espera de un colegiado:

• La psicología propicia numerosas oportunidades para incidir y colaborar con el cambio y el bienestar personal y social, lo que genera múltiples satisfacciones, también se debe tomar en cuenta que su ejercicio acarrea deberes y responsabilidades, entre ellos la obligación de procurar no solo el más alto nivel científico en las actuaciones, sino también la observancia en ellas de principios éticos y deontológicos.

• El quehacer psicológico incluye tanto a las personas, como el entorno en el que están inmersas, el compromiso esencial es con el desarrollo individual y colectivo, salvaguardando la dignidad, la libertad y los derechos humanos.

• En su ejercicio profesional, cualquiera que sea el campo en el que se desempeñe, la persona profesional en psicología deberá realizar sus mejores esfuerzos por fomentar una cultura de paz, respeto y solidaridad.

• Por ser la psicología una ciencia social y una ciencia de la salud, debe responder integralmente a los intereses y necesidades del ser humano y de la sociedad, como un todo interrelacionado, con el fin de propiciar el bienestar personal y colectivo para el logro del bien común en un ambiente sano y sostenible.

• La persona colegiada debe asumir una actitud crítica, responsable, seria, propositiva, cuestionadora y creativa ante la construcción del conocimiento histórico y contemporáneo de la teoría y la práctica de la psicología, tanto en lo que se refiere al desarrollo de la disciplina, en general, como a su aplicación a la realidad nacional costarricense, en particular, los resultados validados de su quehacer, presentes y futuros, deben ponerse a disposición de la comunidad científica y de toda la comunidad nacional.

• El continuo y vertiginoso avance en la producción del saber demanda la imperiosa necesidad de mantener una continua capacitación en el ámbito de la psicología, se deberán considerar, también, aquellos resultados que, desde una perspectiva interdisciplinaria, aporten a su quehacer.

• Las relaciones entre colegas y con el Colegio de Profesionales en Psicología de Costa Rica deben basarse en principios de respeto, cooperación, solidaridad y honestidad profesional, no se debe demeritar el hecho de mantener, en todo momento, una actitud acuciosa, responsable y crítica.

• El Estado costarricense ha delegado al Colegio de Profesionales en Psicología de Costa Rica el deber de regular las actuaciones profesionales de sus integrantes y de todas las personas que ejerzan la disciplina, este mandato constituye una potestad legal del Colegio, para cuyo fin se elabora el presente Código de Ética y Deontológico del Colegio de Profesionales en Psicología de Costa Rica.

Casos Prácticos

A continuación, se presentan dos casos prácticos para trabajar la ética en psicología:

Caso 1: Confidencialidad en el Tratamiento de Menores

Descripción del caso: Un psicólogo está tratando a un adolescente de 15 años que ha sido referido por sus padres debido a problemas de conducta y bajo rendimiento académico. Durante las sesiones, el adolescente confiesa al psicólogo que ha experimentado episodios de ansiedad severa y ha considerado autolesionarse, aunque no ha tomado ninguna acción concreta. El joven pide al psicólogo que no informe a sus padres sobre esta revelación porque teme que lo castiguen o se preocupen excesivamente.

Preguntas para discusión:

1. ¿Cómo debe el psicólogo equilibrar su responsabilidad de mantener la confidencialidad con su obligación de proteger al adolescente de posibles daños?

2. ¿En qué circunstancias, si las hay, debería el psicólogo informar a los padres sobre los pensamientos autolesivos del adolescente?

3. ¿Qué pasos podría tomar el psicólogo para abordar el bienestar del adolescente mientras respeta sus deseos de confidencialidad?

Caso 2: Relaciones Duales y Conflictos de Intereses

Descripción del caso: Una psicóloga trabaja en una comunidad pequeña donde es común que las personas se conozcan entre sí. Un día, un amigo cercano le pide que evalúe a su hijo para determinar si tiene problemas de aprendizaje. La psicóloga conoce bien a la familia y tiene una relación personal con ellos, lo que podría influir en su objetividad.

Preguntas para discusión:

1. ¿Cómo debería la psicóloga manejar la solicitud de su amigo, considerando los principios del Código Deontológico sobre relaciones duales?

2. ¿Qué opciones tiene la psicóloga para evitar un conflicto de intereses y asegurar una evaluación objetiva?

3. ¿Cómo podría la psicóloga explicar su decisión al amigo sin dañar su relación personal?

Estos casos prácticos te brindan oportunidades para que analices situaciones complejas desde una perspectiva ética. A través de la discusión y reflexión sobre los principios éticos relevantes, como la confidencialidad, las relaciones duales y los conflictos de intereses, podrás desarrollar habilidades para tomar decisiones éticas informadas sobre práctica profesional. Por favor ingresa a la siguiente dirección https://psicologiacr.com/sdm_downloads/codigo-de-etica-y-deontologico-del-cppcr-reforma-2019/ aquí podrás descargar el Código Deontológico del Colegio de Profesionales en Psicología de Costa Rica, herramienta necesaria para abordar ambos casos.

GLOSARIO

A

- Adaptación: Proceso mediante el cual un organismo se ajusta a su entorno para mejorar sus posibilidades de supervivencia y reproducción.

- Afasia: Trastorno del lenguaje que afecta la capacidad de hablar, comprender, leer o escribir debido a lesiones cerebrales, comúnmente causadas por accidentes cerebrovasculares o traumatismos craneales.

- Agnosia: Trastorno de la percepción caracterizado por la incapacidad de reconocer objetos, personas o sonidos a pesar de que los sentidos funcionan normalmente. Puede ser causado por lesiones cerebrales en áreas específicas relacionadas con el procesamiento sensorial.

- Apego: Vínculo emocional duradero que se desarrolla entre un individuo y una figura significativa, generalmente un cuidador primario. La teoría del apego, desarrollada por John Bowlby, sostiene que la calidad de este vínculo en la infancia tiene un impacto profundo en el desarrollo socioemocional posterior.

- Apraxia: Trastorno neurológico que impide realizar movimientos aprendidos y voluntarios a pesar de tener la capacidad física y el deseo de hacerlo. Puede afectar movimientos específicos como vestirse, hablar o usar herramientas.

- Asociacionismo: Teoría que sostiene que los procesos mentales operan por asociación de ideas, donde las ideas complejas se forman a partir de la combinación de ideas simples mediante mecanismos como la contigüidad, la similitud y el contraste.

- Atención: Proceso cognitivo que permite concentrarse selectivamente en algunos aspectos del entorno mientras se ignoran otros. Incluye la capacidad de enfocar, sostener y cambiar el foco de atención según las demandas de la tarea o la situación.

- Axón: Prolongación larga y delgada de la neurona que conduce impulsos nerviosos desde el cuerpo celular hacia otras neuronas o células efectoras. Está recubierto por una vaina de mielina que aísla y acelera la transmisión del impulso nervioso.

B

- Behaviorismo: Término alternativo para referirse al conductismo, escuela psicológica que enfatiza el estudio del comportamiento observable y medible y su relación con estímulos ambientales.

- Biofeedback: Técnica terapéutica que utiliza instrumentos para medir y retroalimentar información sobre funciones corporales involuntarias, como la frecuencia cardíaca o la tensión muscular, con el objetivo de que la persona aprenda a regularlas conscientemente.

C

- Catarsis: Liberación o descarga de emociones, tensiones o recuerdos reprimidos, a menudo a través de la expresión verbal o artística. Fue un concepto central en las primeras teorías psicoanalíticas de Freud y Breuer.

- Cognición: Conjunto de procesos mentales relacionados con la adquisición, procesamiento, almacenamiento y uso del conocimiento. Incluye funciones como la percepción, la atención, la memoria, el lenguaje, el razonamiento y la resolución de problemas.

- Condicionamiento Clásico: Tipo de aprendizaje en el que un estímulo neutro (EN) se asocia repetidamente con un estímulo incondicionado (EI) que provoca una respuesta natural (RI), de manera que el EN acaba provocando una respuesta condicionada (RC) similar a la RI.

- Condicionamiento Operante: Proceso de aprendizaje en el que la probabilidad de una conducta se fortalece o debilita según las consecuencias que le siguen, ya sean refuerzos (aumentan la probabilidad) o castigos (disminuyen la probabilidad).

- Conductismo: Escuela psicológica fundada por John B. Watson que enfatiza el estudio del comportamiento observable y medible y su relación con estímulos ambientales, rechazando el estudio de los procesos mentales internos por considerarlos inaccesibles a la investigación científica.

- Confiabilidad: Grado en que una medición o un instrumento de evaluación produce resultados consistentes y estables a lo largo del tiempo y en diferentes aplicaciones. Es un indicador de la precisión y reproducibilidad de una medida.

D

- Dendritas: Prolongaciones ramificadas y cortas de la neurona que reciben señales de otras neuronas a través de sinapsis. Su función es integrar y transmitir la información recibida hacia el cuerpo celular.

- Desarrollo Cognitivo: Proceso de evolución y cambio en las habilidades y estructuras de pensamiento a lo largo del ciclo vital, estudiado por teorías como la de Jean Piaget, que propone etapas secuenciales de desarrollo cognitivo.

- Desarrollo Psicosocial: Proceso de cambio y crecimiento en la personalidad y las relaciones sociales a lo largo del ciclo vital, influenciado por la interacción entre factores biológicos, psicológicos y socioculturales. La teoría del desarrollo psicosocial de Erik Erikson es una de las más influyentes en este campo.

- Disfunción Cognitiva: Alteración o deterioro en una o varias funciones cognitivas, como la atención, la memoria, el lenguaje o las funciones ejecutivas, que puede ser causada por trastornos neurológicos, psiquiátricos o por el envejecimiento normal.

- Disonancia Cognitiva: Estado de tensión psicológica que se produce cuando una persona mantiene dos cogniciones (ideas, creencias, opiniones) que son inconsistentes entre sí. Según la teoría de Leon Festinger, las personas están motivadas a reducir esta disonancia cambiando una de las cogniciones o añadiendo nuevas que resuelvan la inconsistencia.

- Dualismo: Concepción filosófica que considera que la mente y el cuerpo son entidades separadas y distintas, con propiedades diferentes y posiblemente independientes. El dualismo cartesiano, propuesto por René Descartes, es una de las formas más conocidas de dualismo.

E

- Ello: En la teoría estructural de la personalidad de Freud, el ello representa la parte inconsciente y primitiva de la mente que opera según el principio del placer y busca la satisfacción inmediata de las pulsiones y los deseos.

- Empatía: Capacidad de comprender y compartir los sentimientos, pensamientos y emociones de otra persona, poniéndose en su lugar y respondiendo de manera apropiada a su estado emocional.

- Epistemología: Rama de la filosofía que estudia la naturaleza, el origen y los límites del conocimiento. En psicología, la epistemología se ocupa de los fundamentos teóricos y metodológicos de la disciplina y de la validez del conocimiento psicológico.

- Esquema: Estructura mental que organiza y guía la percepción, interpretación y recuerdo de la información. Los esquemas se desarrollan a partir de la experiencia y permiten procesar eficientemente la información nueva relacionándola con el conocimiento previo.

- Estrés: Respuesta fisiológica y psicológica del organismo ante demandas o desafíos percibidos como amenazantes o desbordantes. Implica la activación del sistema nervioso simpático y del eje hipotalámico-hipofisario-adrenal, preparando al organismo para la acción.

- Estructuralismo: Primera escuela formal de psicología, fundada por Wilhelm Wundt y desarrollada por Edward B. Titchener, que buscaba analizar la estructura de la experiencia consciente descomponiéndola en sus elementos básicos mediante la introspección experimental.

- Etología: Estudio científico del comportamiento animal en su entorno natural, con énfasis en los patrones de conducta innatos y su valor adaptativo. Los principios de la etología han influido en la comprensión del comportamiento humano, especialmente en áreas como la psicología evolutiva y la psicología comparada.

F

- Fobia: Miedo intenso, irracional y persistente hacia un objeto, situación o actividad específica, que generalmente conduce a la evitación del estímulo temido. Las fobias son un tipo de trastorno de ansiedad y pueden interferir significativamente con la vida cotidiana.

- Funcionalismo: Escuela psicológica que enfatiza el estudio de los procesos mentales y su función adaptativa en la conducta y la supervivencia del organismo. Influenciada por la teoría de la evolución de Darwin, el funcionalismo se centró en cómo los procesos mentales ayudan al individuo a adaptarse a su entorno.

- Fiabilidad: Ver Confiabilidad.

- Fisiología: Estudio de las funciones y procesos vitales de los organismos vivos y sus partes, como la digestión, la respiración, la circulación y la excreción. La psicofisiología estudia la relación entre estos procesos fisiológicos y los fenómenos psicológicos.

G

- Gestalt: Escuela psicológica fundada por Max Wertheimer, Kurt Koffka y Wolfgang Köhler, que enfatiza la importancia de estudiar la percepción y la experiencia como un todo organizado y estructurado, en lugar de como una mera suma de partes o elementos aislados.

- Generalización: Proceso por el cual una respuesta aprendida ante un estímulo específico se extiende o transfiere a estímulos similares o relacionados. Puede ocurrir tanto en el condicionamiento clásico como en el operante.

- Género: Conjunto de características, roles, expectativas y normas socioculturales asignadas a hombres y mujeres en una sociedad determinada. A diferencia del sexo, que se refiere a las diferencias biológicas, el género es una construcción social que varía según el contexto histórico y cultural.

H

- Habilidad: Capacidad aprendida para realizar una tarea o actividad con eficacia y eficiencia. Las habilidades pueden ser cognitivas (p. ej., resolver problemas), sociales (p. ej., comunicarse asertivamente), emocionales (p. ej., regular las emociones) o motoras (p. ej., escribir a mano).

- Heurístico: Estrategia mental simplificada que permite tomar decisiones o resolver problemas de manera rápida y eficiente, aunque no siempre óptima o precisa. Los heurísticos se basan en reglas generales o atajos cognitivos que reducen la complejidad de una tarea.

- Hipocampo: Estructura cerebral ubicada en el lóbulo temporal, que juega un papel crucial en la formación y consolidación de memorias declarativas (episódicas y semánticas) y en la navegación espacial.

- Hipótesis: Proposición o explicación tentativa de un fenómeno, que puede ser puesta a prueba mediante la investigación empírica. Las hipótesis científicas deben ser falsables, es decir, susceptibles de ser refutadas por la evidencia.

- Humanismo: Enfoque psicológico que enfatiza el potencial humano para el crecimiento, la autorrealización y la búsqueda de sentido. La psicología humanista, representada por autores como Abraham Maslow y Carl Rogers, se centra en la experiencia subjetiva y en las cualidades distintivamente humanas, como la creatividad, la libertad y los valores.

I

- Identidad: Sentido integrado y coherente de uno mismo, que incluye características, creencias, valores, metas y roles sociales. La formación de la identidad es una tarea central del desarrollo psicosocial, especialmente durante la adolescencia y la adultez emergente.

- Inconsciente: En la teoría psicoanalítica, parte de la mente que contiene pensamientos, recuerdos, deseos y conflictos que no son accesibles a la conciencia, pero que influyen en el comportamiento, las emociones y la motivación.

- Inteligencia: Capacidad mental general que implica habilidades como el razonamiento, la resolución de problemas, el pensamiento abstracto, la comprensión de ideas complejas y el aprendizaje a partir de la experiencia. Existen múltiples teorías sobre la naturaleza, estructura y medición de la inteligencia.

- Introspección: Método de observación y análisis de los propios estados mentales, utilizado por el estructuralismo para estudiar la experiencia consciente. Implica dirigir la atención hacia los contenidos y procesos de la mente, tratando de describirlos de manera objetiva y sistemática.

L

- Libido: En la teoría psicoanalítica, energía psíquica o pulsión relacionada con el deseo sexual y la búsqueda de placer. Freud consideraba que la libido era la fuerza motivacional básica del comportamiento humano y que su desarrollo y expresión estaban en la base de la personalidad y la psicopatología.

- Liderazgo: Proceso de influencia social por el cual una persona (líder) orienta, motiva y guía a un grupo hacia el logro de metas comunes. Existen diferentes estilos y teorías de liderazgo, que enfatizan distintos aspectos como los rasgos del líder, su comportamiento o la situación.

M

- Memoria: Capacidad de codificar, almacenar y recuperar información adquirida a través de la experiencia. Implica múltiples sistemas y procesos, como la memoria sensorial, la memoria a corto plazo y la memoria a largo plazo (declarativa y no declarativa).

- Metacognición: Conocimiento y regulación de los propios procesos cognitivos. Incluye la capacidad de monitorear, evaluar y controlar el pensamiento, el aprendizaje y la resolución de problemas, así como de seleccionar estrategias apropiadas para una tarea.

- Motivación: Conjunto de factores internos y externos que activan, dirigen y mantienen el comportamiento hacia una meta o un objetivo. Las teorías de la motivación buscan explicar por qué las personas se comportan de cierta manera y qué las impulsa a persistir o desistir de una acción.

N

- Neurodesarrollo: Proceso de desarrollo y maduración del sistema nervioso, que implica cambios estructurales y funcionales en el cerebro y la médula espinal desde la etapa prenatal hasta la adultez. Los trastornos del neurodesarrollo, como el autismo o el TDAH, se originan en alteraciones tempranas de este proceso.

- Neurona: Célula nerviosa especializada en la recepción, procesamiento y transmisión de información a través de señales eléctricas y químicas. Las neuronas son las unidades estructurales y funcionales básicas del sistema nervioso.

- Neuropsicología: Disciplina que estudia la relación entre el cerebro y el comportamiento, tanto en condiciones normales como patológicas. Se centra en cómo las lesiones o disfunciones cerebrales afectan a procesos cognitivos, emocionales y conductuales específicos.

- Neurotransmisores: Sustancias químicas liberadas por las neuronas en las sinapsis, que permiten la comunicación y transmisión de información entre ellas. Actúan como mensajeros, uniéndose a receptores específicos en la neurona postsináptica y modulando su actividad.

- Neuroplasticidad: Capacidad del sistema nervioso para modificar su estructura y función en respuesta a la experiencia, el aprendizaje o la lesión. Implica cambios en las conexiones sinápticas, la neurogénesis y la reorganización de circuitos neuronales.

O

- Observación: Método de recolección de datos que consiste en registrar sistemáticamente el comportamiento de personas, animales u objetos, sin interferir ni modificar las condiciones naturales. Puede ser estructurada (con categorías predefinidas) o no estructurada, y realizarse en entornos controlados o naturales.

- Occipital: Lóbulo de la corteza cerebral ubicado en la parte posterior del cerebro, responsable principalmente del procesamiento visual. Recibe información de la retina y la transforma en percepciones complejas de forma, color, movimiento y profundidad.

- Operacionalización: Proceso de definir un concepto o variable de manera precisa y medible, especificando los procedimientos y criterios para su observación y cuantificación. Es esencial para la investigación empírica, ya que permite pasar de constructos teóricos abstractos a indicadores concretos y observables.

- Optimismo: Tendencia a esperar resultados positivos y favorables en el futuro, y a interpretar las situaciones y los eventos desde una perspectiva positiva. El optimismo se ha relacionado con diversos beneficios para la salud mental y física, así como para el afrontamiento del estrés y la adversidad.

- Organización Perceptiva: Proceso por el cual el sistema perceptivo agrupa y estructura los estímulos sensoriales en patrones coherentes y significativos, según principios como la proximidad, la similitud, la continuidad y el cierre. La organización perceptiva es estudiada por la psicología de la Gestalt y es fundamental para la comprensión de la percepción visual.

P

- Percepción: Proceso de organización, interpretación y dotación de significado de la información sensorial, que permite construir una representación interna del entorno. Implica procesos bottom-up (guiados por los estímulos) y top-down (guiados por el conocimiento y las expectativas).

- Personalidad: Patrón estable y consistente de pensamientos, emociones y conductas que caracteriza a una persona y la distingue de otras. Incluye rasgos, motivos, valores y creencias que influyen en la forma de percibir, relacionarse y adaptarse al entorno.

- Psicoanálisis: Teoría y método terapéutico desarrollado por Sigmund Freud, que se centra en el papel del inconsciente y de las experiencias tempranas en la formación de la personalidad y en la etiología de los trastornos mentales. Utiliza técnicas como la asociación libre y la interpretación de los sueños para acceder a los conflictos y deseos reprimidos.

- Psicología Cognitiva: Enfoque que estudia los procesos mentales involucrados en la adquisición, procesamiento, almacenamiento y uso de la información, como la percepción, la atención, la memoria, el lenguaje y el pensamiento. Utiliza métodos experimentales y computacionales para comprender la arquitectura y el funcionamiento de la cognición.

- Psicofisiología: Disciplina que estudia las bases fisiológicas de los procesos psicológicos, así como la influencia de los factores psicológicos sobre las funciones fisiológicas. Utiliza medidas como la actividad cerebral (EEG), la frecuencia cardíaca o la conductancia de la piel para investigar la relación mente-cuerpo.

R

- Razonamiento: Proceso cognitivo de derivar conclusiones a partir de premisas, evidencias o supuestos previos. Puede ser deductivo (de lo general a lo particular, basado en reglas lógicas), inductivo (de lo particular a lo general, basado en observaciones) o abductivo (inferencia de la mejor explicación).

- Reforzamiento: Proceso por el cual una conducta aumenta en frecuencia, duración o intensidad debido a sus consecuencias. Puede ser positivo (cuando se añade un estímulo apetitivo) o negativo (cuando se retira un estímulo aversivo).

- Represión: Mecanismo de defensa psíquico inconsciente que consiste en excluir de la conciencia pensamientos, recuerdos o deseos inaceptables o amenazantes, con el fin de evitar la ansiedad o el displacer. Es un concepto central en la teoría psicoanalítica.

S

- Self: Concepto del yo o sí mismo, que se refiere a la experiencia subjetiva de unidad, continuidad y agencia personal. Incluye los aspectos conscientes e inconscientes de la propia identidad, y se construye en interacción con el entorno social y cultural.

- Sensación: Proceso de detección y codificación de la energía física de los estímulos ambientales por parte de los receptores sensoriales (vista, oído, tacto, gusto y olfato). Es la etapa inicial del procesamiento perceptivo, previa a la interpretación y al reconocimiento de los estímulos.

- Sinergia: Acción coordinada y combinada de varios elementos o sistemas que produce un efecto superior a la suma de sus efectos individuales. En psicología, se refiere a la interacción positiva entre procesos cognitivos, emocionales o conductuales que se potencian mutuamente.

- Sinapsis: Punto de comunicación y transmisión de información entre dos neuronas, donde el axón de la neurona presináptica libera neurotransmisores que se unen a receptores específicos en la membrana de la neurona postsináptica, generando una respuesta excitatoria o inhibitoria.

- Sistema Límbico: Conjunto de estructuras cerebrales interconectadas, como la amígdala, el hipocampo y el hipotálamo, que están involucradas en el procesamiento y la regulación de las emociones, la motivación, la memoria y el aprendizaje.

T

- Temperamento: Conjunto de rasgos y disposiciones relativamente estables y consistentes de respuesta emocional y conductual, que se manifiestan desde la infancia temprana y tienen una base genética y biológica. El temperamento interactúa con la crianza y la experiencia para dar forma a la personalidad.

- Teoría de la Mente: Capacidad de atribuir estados mentales (creencias, deseos, intenciones, emociones) a uno mismo y a otros, y de utilizar esta información para comprender, predecir y explicar el comportamiento. Es una habilidad cognitiva y social clave para la interacción y la comunicación humana.

- Terapia Cognitivo-Conductual (TCC): Enfoque psicoterapéutico que combina técnicas cognitivas (identificación y modificación de pensamientos disfuncionales) y conductuales (cambio de comportamientos desadaptativos) para el tratamiento de trastornos emocionales y conductuales. Se basa en el supuesto de que las cogniciones influyen en las emociones y las conductas, y que la modificación de los patrones de pensamiento puede producir cambios clínicamente significativos.

- Transferencia: En psicoanálisis, proceso inconsciente por el cual una persona desplaza o proyecta sentimientos, deseos y patrones relacionales del pasado (especialmente de figuras significativas de la infancia) hacia el terapeuta o hacia otras relaciones presentes. El análisis de la transferencia es un elemento central del proceso terapéutico psicoanalítico.

- Trastorno Mental: Patrón de pensamiento, emoción o conducta que se desvía significativamente de las normas socioculturales, causa malestar o deterioro en el funcionamiento, y cumple criterios específicos de diagnóstico según sistemas de clasificación como el DSM o la CIE. Los trastornos mentales son objeto de estudio, diagnóstico y tratamiento por parte de la psicología clínica y la psiquiatría.

V

- Validez: Grado en que una medida o un instrumento de evaluación mide realmente lo que pretende medir. Existen diferentes tipos de validez, como la validez de contenido (representatividad de los ítems), la validez de criterio (relación con otras medidas relevantes) y la validez de constructo (coherencia teórica).

- Variables: Características o propiedades de personas, objetos o situaciones que pueden tomar diferentes valores o categorías y que son objeto de estudio en una investigación. Las variables pueden ser independientes (manipuladas por el investigador), dependientes (medidas como resultado de la manipulación) o extrañas (ajenas al estudio pero que pueden influir en los resultados).

- Vygotsky, Lev: Psicólogo ruso (1896-1934) que desarrolló la teoría sociocultural del desarrollo cognitivo. Enfatizó el papel de la interacción social, el lenguaje y la cultura en el aprendizaje y el desarrollo de las funciones psicológicas superiores. Conceptos clave de su teoría son la zona de desarrollo próximo y la internalización de herramientas psicológicas.

Z

- Zona de Desarrollo Próximo (ZDP): Concepto propuesto por Lev Vygotsky que se refiere a la distancia entre el nivel de desarrollo actual de un niño (lo que puede hacer por sí mismo) y su nivel de desarrollo potencial (lo que puede hacer con la ayuda de un adulto o un compañero más capaz). La ZDP representa el espacio donde ocurre el aprendizaje y el desarrollo a través de la interacción social y la guía de otros.

- *Zeitgeist*: Término alemán que significa "espíritu de los tiempos" y se refiere al clima intelectual, cultural y social dominante en un período histórico determinado. En la historia de la psicología, se utiliza para describir cómo las ideas y teorías psicológicas están influidas por el contexto sociohistórico en el que surgen y se desarrollan.

REFERENCIAS

Ach, N. (1951a). Determining tendencies: Awareness, attention and association. In Organization and Pathology of Thought (pp. 15-120).

Álvarez-Mora, T., & González-Suárez, M. (2018). La psicología en Costa Rica: Evolución y desafíos. Revista Costarricense de Psicología, 37(1), 1-18. https://doi.org/10.22544/rcps.v37i01.01

American Psychological Association. (2020). Publication manual of the American Psychological Association (7th ed.).

American Psychological Association. (2021b). Ethical principles of psychologists and code of conduct. https://www.apa.org/ethics/code

Atkinson, R. C., & Shiffrin, R. M. (1968). Human memory: A proposed system and its control processes. Psychology of Learning and Motivation, 2, 89-195.

Bandura, A. (2001). Social cognitive theory: An agentic perspective. Annual Review of Psychology, 52(1), 1-26.

Banuazizi, A., & Movahedi, S. (1975). Interpersonal dynamics in a simulated prison: A methodological analysis. American Psychologist, 30(2), 152-160. https://doi.org/10.1037/h0076835

Bateson, G. (1972). Steps to an Ecology of Mind. Ballantine Books.

Bear, M. F., Connors, B. W., & Paradiso, M. A. (2016). Neuroscience: Exploring the brain (4th ed.). Wolters Kluwer.

Beck, A. T. (1976). Cognitive Therapy and the Emotional Disorders. International Universities Press.

Beck, A. T. (2019). A 60-year evolution of cognitive theory and therapy. Perspectives on Psychological Science, 14(1), 16-20.

Beck, J. S. (2011). Cognitive Behavior Therapy: Basics and Beyond. Guilford Press.

Benedetti, F., & Shaibani, A. (2018). Nocebo effects in the treatment of pain. Clinical Pharmacology & Therapeutics, 104(3), 436-439. https://doi.org/10.1002/cpt.1055

Bertalanffy, L. von (1968). General System Theory. Braziller.

Boring, E. G. (1950). A history of experimental psychology (2nd ed.). Appleton-Century-Crofts.

Brenner, C. (1982). The Mind as a Conflict System. Annual of Psychoanalysis, 10.

Bugental, J. F. T. (1965). The Search for Authenticity: An Existential-Analytic Approach to Psychotherapy. Holt, Rinehart and Winston.

Bühler, K. (1951). On thought connections. In J. M. Mandler & G. Mandler (Eds.), Thinking: From association to Gestalt (pp. 218-233). John Wiley & Sons.

Campbell, D. T., & Stanley, J. C. (1963). Experimental and quasi-experimental designs for research. Rand McNally.

Cardeña, E. (2018). The experimental evidence for parapsychological phenomena: A review. American Psychologist, 73(5), 663-677. https://doi.org/10.1037/amp0000236

Cattell, J. M. (1890). Mental tests and measurements. Mind, 15(59), 373-381.

Chomsky, N. (1965). Aspects of the Theory of Syntax. MIT Press.

Chomsky, N. (2015). What kind of creatures are we? Columbia University Press.

Churchland, P. S. (1986). Neurophilosophy: Toward a Unified Science of the Mind-Brain. MIT Press.

Colegio Profesional de Psicólogos de Costa Rica. (2021). Historia del Colegio Profesional de Psicólogos de Costa Rica. https://psicologiacr.com/historia/

Colegio Profesional de Psicólogos de Costa Rica. (2023). Código de Ética y Deontológico. CPPCR.

Corkin, S. (2002). What's new with the amnesic patient H.M.? Nature Reviews Neuroscience, 3(2), 153-160. https://doi.org/10.1038/nrn726

Damasio, A. (2011). El error de Descartes: la emoción, la razón y el cerebro humano. Crítica.

Damasio, A. (2018). The strange order of things: Life, feeling, and the making of cultures. Pantheon.

Danziger, K. (1994). Constructing the subject: Historical origins of psychological research. Cambridge University Press.

Darwin, C. (1872). The Expression of Emotions in Man and Animals. John Murray.

Deci, E. L., & Ryan, R. M. (1985). Intrinsic motivation and self-determination in human behavior. Plenum.

Dell, P. F. (1982). Beyond Homeostasis: Toward a Concept of Coherence. Family Process, 21(4), 411-428.

Dilthey, W. (1989). Introduction to the human sciences: An attempt to lay a foundation for the study of society and history (R. J. Betanzos, Trans.). Wayne State University Press.

Dobles-Oropeza, I. (2013). Psicología de la liberación: Fundamentos y aplicaciones. Editorial UCR.

Dryden, W. (1991). A Primer on Rational Emotive Behavior Therapy. Research Press.

Ekman, P. (1972). Universals and cultural differences in facial expressions of emotion. In J. Cole (Ed.), Nebraska Symposium on Motivation, 1971 (Vol. 19, pp. 207-282). University of Nebraska Press.

Ellis, A. (1962). Reason and Emotion in Psychotherapy. Lyle Stuart.

Ellis, A. (2016). Rational emotive behavior therapy. American Psychological Association.

Flores-Mora, D. (2010a). Historia y desarrollo de la psicología en Costa Rica. Revista Costarricense de Psicología, 29(44), 17-31.

Flores-Mora, D. (2010b). La psicología costarricense: Una aproximación histórica y epistemológica. Revista Costarricense de Psicología, 29(43), 65-80. https://www.redalyc.org/articulo.oa?id=476748706006

Freud, A. (1936). The Ego and the Mechanisms of Defense. Hogarth Press.

Freud, S. (1923). The Ego and the Id. Standard Edition, 19, 1-66.

Freud, S. (2010). The interpretation of dreams: The complete and definitive text (J. Strachey, Trans.). Basic Books. (Original work published 1900)

Giorgi, A. (2009). The descriptive phenomenological method in psychology: A modified Husserlian approach. Duquesne University Press.

Goldstein, E. B. (2019). Cognitive psychology: Connecting mind, research, and everyday experience (5th ed.). Cengage Learning.

Goldstein, E. B., & Brockmole, J. R. (2016). Sensation and perception (10th ed.). Cengage Learning.

Grice, H. P. (1975). Logic and conversation. In P. Cole & J. L. Morgan (Eds.), Syntax and Semantics, Vol. 3: Speech Acts (pp. 41-58). Academic Press.

Hall, G. S. (1904). Adolescence: Its psychology and its relations to physiology, anthropology, sociology, sex, crime, religion, and education. D. Appleton and Company.

Hoffman, L. (1981). Foundations of Family Therapy. Basic Books.

Husserl, E. (2012). Ideas: General introduction to pure phenomenology (W. R. Boyce Gibson, Trans.). Routledge.

James, W. (2018). The principles of psychology (Vols. 1-2). Dover Publications. (Original work published 1890)

Kandel, E. R. (2007). En busca de la memoria. Katz.

Kandel, E. R. (2018). The disordered mind: What unusual brains tell us about ourselves. Farrar, Straus and Giroux.

Kirk, R. E. (2013). Experimental design: Procedures for the behavioral sciences. SAGE Publications.

Klein, M. (1946). Notes on Some Schizoid Mechanisms. International Journal of Psycho-Analysis, 27.

Koffka, K. (1999). Principles of Gestalt psychology. Routledge.

Köhler, W. (1992). Gestalt psychology: An introduction to new concepts in modern psychology. Liveright.

Lazarus, R. S. (1991). Emotion and adaptation. Oxford University Press.

Maslow, A. H. (1962). Toward a psychology of being. D. Van Nostrand Company.

Maslow, A. H. (2013). A theory of human motivation. Martino Fine Books. (Original work published 1943)

Maturana, H., & Varela, F. (1980). Autopoiesis and Cognition. Reidel.

May, R. (1958). The Origins and Significance of the Existential Movement in Psychology. Ronald Press.

Mead, M. (1928). Coming of Age in Samoa. William Morrow & Company.

Minuchin, S. (1974). Families and Family Therapy. Harvard University Press.

Pavlov, I. P. (1960). Conditioned reflexes: An investigation of the physiological activity of the cerebral cortex (G. V. Anrep, Trans.). Dover Publications.

Pavlov, I. P. (2010). Conditioned reflexes: An investigation of the physiological activity of the cerebral cortex (G. V. Anrep, Trans.). Dover Publications. (Original work published 1927)

Perls, F., Hefferline, R. F., & Goodman, P. (1951). Gestalt therapy: Excitement and growth in the human personality. Julian Press.

Piaget, J. (2015). The psychology of intelligence. Routledge. (Original work published 1947)

Rogers, C. R. (1951). Client-Centered Therapy: Its Current Practice, Implications, and Theory. Houghton Mifflin.

Rogers, C. R. (2012). On becoming a person: A therapist's view of psychotherapy. Houghton Mifflin Harcourt.

Salazar, Z. (2014). Psicología y formación profesional en Costa Rica: Análisis de las principales transformaciones en el período 1990-2013. Actualidades en Psicología, 28(116), 37-54. https://doi.org/10.15517/ap.v28i116.14889

Shadish, W. R., Cook, T. D., & Campbell, D. T. (2002). Experimental and quasi-experimental designs for generalized causal inference. Houghton Mifflin.

Simon, H. A. (1960). The New Science of Management Decision. Harper & Row.

Skinner, B. F. (1938). The behavior of organisms: An experimental analysis. Appleton-Century.

Skinner, B. F. (2012). Science and human behavior. Free Press. (Original work published 1953)

Smith, J. A., Flowers, P., & Larkin, M. (2009). Interpretative phenomenological analysis: Theory, method and research. SAGE Publications.

Titchener, E. B. (1909). Lectures on the experimental psychology of the thought-processes. Macmillan.

Tomasello, M. (2003). Constructing a Language: A Usage-Based Theory of Language Acquisition. Harvard University Press.

Vygotsky, L. S. (2012). Thought and language (E. Hanfmann, G. Vakar, & A. Kozulin, Trans.). MIT Press. (Original work published 1934)

Watson, J. B. (1913). Psychology as the behaviorist views it. Psychological Review, 20(2), 158-177.

Watson, J. B. (2017). Behaviorism. Routledge. (Original work published 1924)

Watzlawick, P. (1967). Pragmatics of Human Communication. Norton.

White, M., & Epston, D. (1990). Narrative Means to Therapeutic Ends. Norton.

Wilson, E. O. (1975). Sociobiology: The New Synthesis. Harvard University Press.

Wundt, W. (2013). An introduction to psychology (R. Pintner, Trans.). Forgotten Books. (Original work published 1912)

Zimbardo, P. G. (1972). The Stanford Prison Experiment: A simulation study of the psychology of imprisonment. Stanford University.

Davidson, R. J., Pizzagalli, D. A., & Nitschke, J. B. (2019). The representation and regulation of emotion in depression: Perspectives from affective neuroscience. *Annual Review of Clinical Psychology, 15*, 43-67.

LeDoux, J. E., & Pine, D. S. (2016). Using neuroscience to help understand fear and anxiety: A two-system framework. *American Journal of Psychiatry, 173*(11), 1083-1093.

Porges, S. W., & Dana, D. (2018). *Clinical applications of the polyvagal theory: The emergence of polyvagal-informed therapies*. W. W. Norton & Company.

Sapolsky, R. M. (2017). *Behave: The biology of humans at our best and worst*. Penguin Press.

Made in United States
Orlando, FL
16 January 2025

57383513R00089